FACULTÉ DE DROIT DE PARIS

DE LA

RESTITUTION DE LA DOT

EN DROIT ROMAIN

ET DE LA

SÉPARATION DE BIENS

JUDICIAIRE

EN DROIT FRANÇAIS

THÈSE POUR LE DOCTORAT

PAR

Jean-Joseph-Walter TRENTY

Avocat à la Cour Impériale de Paris

— R. F. —

PARIS

ANCIENNE MAISON E. DUJARDIN

RETAUX FRÈRES, LIBRAIRES-ÉDITEURS

13, RUE CUJAS (ANCIENNE RUE DES GRÈS)

1866

FACULTÉ DE DROIT DE PARIS

DE LA

RESTITUTION DE LA DOT

EN DROIT ROMAIN

ET DE LA

SÉPARATION DE BIENS

JUDICIAIRE

EN DROIT FRANÇAIS

THÈSE POUR LE DOCTORAT

PAR

J.-Joseph-Walter TRENTY

AVOCAT A LA COUR IMPÉRIALE DE PARIS.

L'acte public sur les matières ci-après sera soutenu
le Mercredi 18 Avril 1866 à midi.

EN PRÉSENCE DE M. L'INSPECTEUR GÉNÉRAL Ch. GIRAUD.

PRÉSIDENT : M. LABBÉ, professeur

SUFFRAGANTS.

MM. VALETTE
COLMET-DAAGE } PROFESSEURS
GÉRARDIN
DESJARDINS } AGRÉGÉS

PARIS

ANCIENNE MAISON E. DUJARDIN

RETAUX FRÈRES, LIBRAIRES-ÉDITEURS

13, RUE CUJAS (ANCIENNE RUE DES GRÈS)

1866

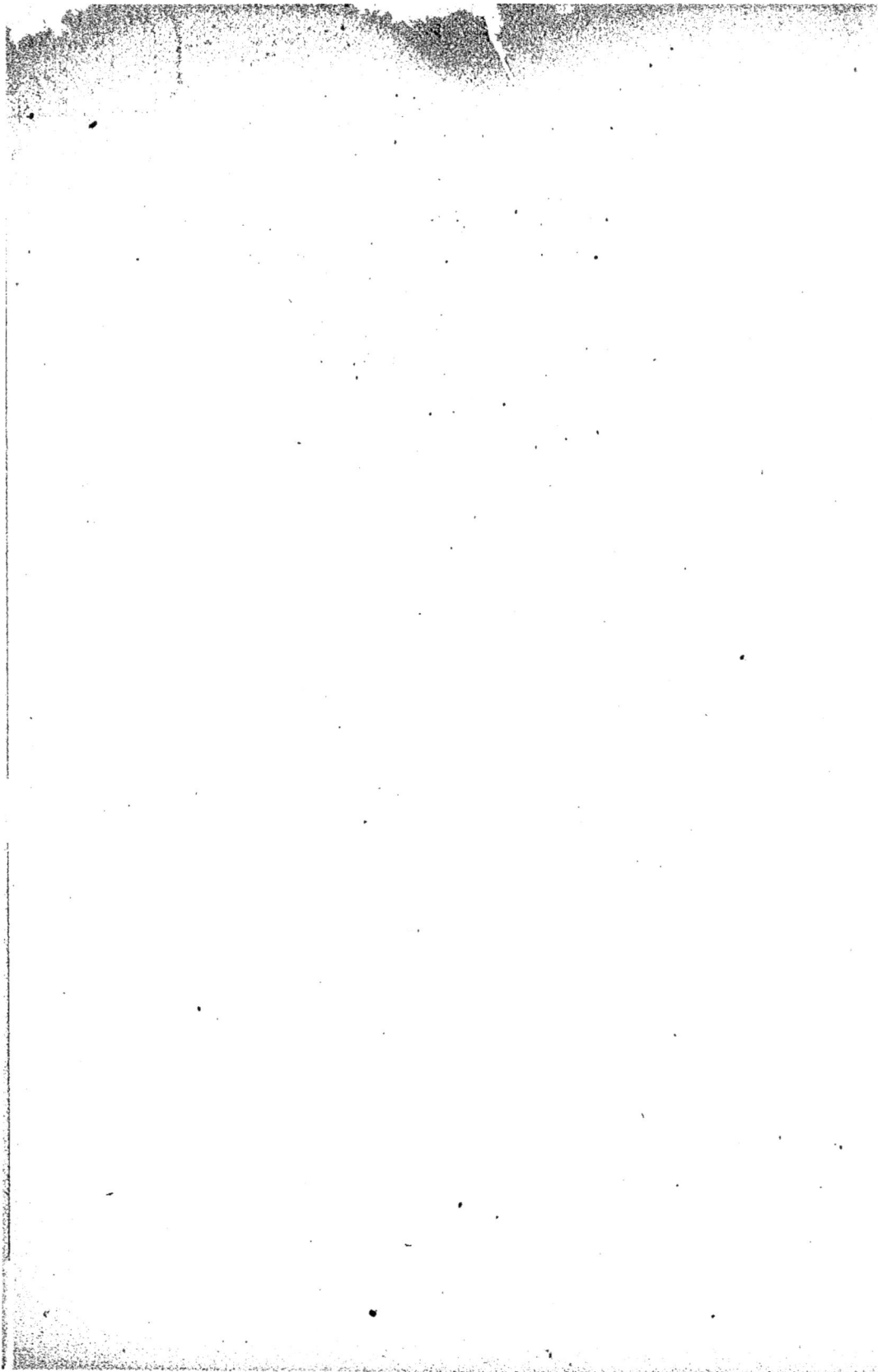

DROIT ROMAIN

DE LA RESTITUTION DE LA DOT

INTRODUCTION

La dot paraît avoir eu chez les Romains une origine purement coutumière. Quelques observations sur l'histoire du mariage chez ce peuple suffiront pour le démontrer. Dans les premiers siècles de Rome, bien qu'il n'y eut pour les citoyens qu'une seule espèce de mariage *(justæ nuptiæ)* reconnue par le droit civil, les effets juridiques en étaient bien différents; selon que certaines formes accidentelles venaient ou non s'y ajouter. C'est ainsi que le mariage accompagné de la cérémonie religieuse de la *confarreatio* pour les patriciens [1], des formes civiles de la *coemptio* pour les plébéiens produisait seul la *conventio in manum mariti*, pouvoir absolu du mari sur la femme. La

---

[1] Tacite ann. 4-16.

1

prescription toutefois pouvait indirectement suppléer au défaut de *confarreatio* ou de *coemptio :* en effet assimilée en quelque sorte aux meubles prescriptibles par un an de possession, ce qui s'accorde bien avec l'état d'infériorité où les femmes étaient placées par les mœurs, la religion et les lois de l'antiquité, l'épouse du citoyen Romain passait encore sous la puissance de son mari par une année de cohabitation avec lui *(usu),* sauf pour elle la faculté d'interrompre cette prescription par le moyen indiqué par les douze tables [1]. Cette acquisition de la *manus* par l'usage prouve bien comme le remarque judicieusement un jurisconsulte Allemand [2] que « les Romains considéraient alors la « *conventio in manum* quoiqu'elle ne fut pas de « l'essence du mariage *comme le rapport qui convenait* « *le mieux* et que recommandait l'intérêt commun bien « entendu des époux. » Le mariage suivi de *conventio in manum* entourait, il est vrai, la femme de plus de considération et de respect et lui donnait le droit de porter le nom de *materfamilias,* [3] mais en compensation de quelques faveurs dont son indépendance était le prix à quel pouvoir despotique ne se trouvait elle point désormais soumise ! Tout ce qu'elle possédait au jour du mariage ou acquérait depuis passait dans le patrimoine du mari [4]. Elle prenait dans sa nouvelle famille, celle de son mari, le rang de fille de ce dernier et celui de sœur de ses propres

[1] Ce moyen consistait à déserter chaque année pendant trois nuits consécutives le domicile conjugal. (Gaïus. Comm, 3 § 83.
[2] Marezol. *Droit privé des Romains.* Traduct. de M. Pellat p. 418
[3] Cicer. top. 3.
[4] Gaïus 3 § 83 Ciceron topiq. 4.

enfants, situation bizarre qui n'étonne plus lorsqu'on considère l'organisation arbitraire et toute civile de la famille Romaine où l'on tient peu de compte des situations naturelles que créent les liens du mariage ou ceux de la génération. Si l'on peut dire avec Cicéron que dans le mariage accompagné de la *conventio in manum* et par suite de l'acquisition de tous les biens de la femme au mari sa dot se composait de tous ces biens « *omnia quæ mulieris fuerunt viri fiunt dotis nomine* » [1] aucun document du moins ne nous indique qu'elle dut être restituée. En compensation toutefois, la femme *loco filiæ* acquérait le droit de venir partager avec ses propres enfants la succession de son mari.

Mais bien que le plus souvent la *conventio in manum* de la femme s'ajoutât au mariage des citoyens Romains le contraire pourrait avoir lieu. Dans ce cas la femme prenait le nom de *matrona*, restait sous l'autorité de son père ou plus généralement du chef de famille sous la puissance duquel elle se trouvait placée au moment du mariage. Le mari n'acquérait aucun pouvoir, aucun droit sur sa fortune, et, chose singulière, au lieu de cette dépendance si absolue qu'entraînait pour la femme la *conventio in manum mariti*, le mariage qui en était affranchi lui laissait une liberté non moins exagérée. Comme dans le mariage que nous appellerons *libre* (par opposition au mariage suivi de la *conventio in manum* que nous qualifierons de *rigoureux*), le patrimoine de la femme restait totalement en dehors de la puissance du mari [2], elle dut

[1] Cicéron Topiques 4.
[2] Les époux se trouvaient ainsi complétement séparés de biens *conf.* revue historique *du dr. français et étranger* 1865, p. 184.

lui remettre pour faire face aux charges matrimoniales une portion de ses biens. De là l'origine de la dot. Le mariage libre qui donna ainsi naissance au régime dotal avait dès Auguste presque complétement prévalu dans les habitudes des Romains sur le mariage suivi de la *conventio in manum*. Est-ce à dire que toute fille dut alors être dotée? En fait elles durent l'être le plussouvent, même avant l'empire mais c'était là un acte purement volontaire, commandé par l'intérêt des filles elles mêmes ; malheur à celles qui ne l'étaient point ! car elles pouvaient longtemps attendre un mari [1], Auguste le premier en fit pour les pères une obligation légale, et cette obligation imposée d'abord seulement au père et a l'aïeul paternel fut ensuite étendue à la mère par les constitutions impériales. (L. 14 Code *de jure dotium.*)

Propriétaire de la dot *dominus dotis* le mari ne fut pas probablement d'abord soumis à l'obligation de la restituer; mais dans le sixième siècle de la fondation de Rome, si nous en croyons Servius Sulpicius cité par Aulu-Gelle [2], un citoyen S. Carvilius Ruga donna le premier l'exemple du divorce dont les mœurs sévères et les vertus domestiques des premiers Romains avaient jusque la interdit l'usage, bien que dès l'origine de ce peuple, selon les historiens, il fut autorisé par la loi [3]. L'exemple devint contagieux. Alors on dut prendre des

---

[1] Plaute *Aulularia act. III scéne VI.*

[2] Aulu-Gelle. *Nuits attiques,* 4, 3 *add.* Denys d'Halicarnasse liv. 2, p. 96.

[3] Plutarque. *Romul,* p. 39 Valère-Max. 1. 11 c. 1 n° 4, Toutefois Niebuhr admet une exception pour les mariages suivis de *confar - reatio,* 1 p. 324, note 635.

mesures en vue des seconds mariages et l'on stipula la restitution de la dot en cas de divorce *tunc primum cautiones rei uxoriæ necessarias esse visas, quum Spurius Carvilius Ruga vir nobilis divortium cum uxore fecit* [1]. Ainsi la restitution de la dot dut d'abord être garantie par la prévoyance des parties et ce fut dans le droit civil dans l'action *ex stipulatu* dérivant de la promesse solennelle de rendre exigée du mari au moment de la constitution dotale que la femme ou le constituant trouvèrent un premier moyen de se faire restituer la dot lors de la dissolution du mariage; mais il fallait faire un pas de plus, et la jurisprudence vint encore au secours de la femme au cas où par déférence pour son mari, ou par tout autre motif, elle n'aurai point stipulé de lui au moment de la constitution de la dot qu'elle lui serait rendue aussi, au moyen de l'action *rei uxoriæ* dont elle put user désormais en l'absence de toute promesse solennelle de restitution exigée du mari, la femme put se faire rendre sa dot soit au cas de divorce soit au cas de prédécès de son époux. Obliger les maris qui répudiaient leurs femmes à leur restituer les biens dotaux dont ils étaient habitués à jouir c'était là non seulement mettre un frein à la progression toujours croissante du nombre des divorces et partant à la dépravation des mœurs que, depuis la conquête de l'Asie, le luxe avait de plus en plus envahies, mais aussi porter remède à la diminution considérable que les guerres civiles et les proscriptions avaient fait subir à la population Romaine.

[1] Aulu-Gelle, *loc. cit.*

La femme divorcée, comme la veuve, trouvait en effet bien plus facilement à se remarier lorsqu'elle pouvait offrir à son nouvel époux la même dot qu'elle avait apportée à son premier mari. Aussi vit on dans la conservation de la dot un intérêt social engagé et le jurisconsulte Paul pouvait dire plus tard : *interest reipublicœ dotes mulierum salvas esse propter quas nubere possint* (l. 2 Dig. *de jure dotium.*)

L'action *ex stipulatu* de droit strict et l'action *rei uxoriœ* de bonne foi subsistèrent longtemps sous leurs caractères distinctifs et les avantages spéciaux attachés à l'exercice de chacune d'elles. Justinien entreprit de fondre ensemble ces deux actions afin que la femme jouit dans tous les cas des divers avantages de l'action *ex stipulatu* cumulés, comme nous le verrons ultérieurement, avec quelques-uns de ceux de l'action *rei uxoriœ* de bonne foi. Il veut que désormais la femme et ses héritiers, quelle que soit l'origine de la dot, puissent toujours la réclamer, comme s'il y avait eu entre époux une stipulation tacite de restitution, par une action qu'il qualifie *actio ex stipulatu de dotibus exigendis*. Il n'est pas de législateur qui ait porté plus loin que ce prince, le soin de la conservation des dots des femmes et nous verrons comment le système de protection organisé par cet empereur auquel la postérité n'a pu refuser le titre d'*uxorius* [1], lésait tout à la fois et les intérêts bien entendus des époux eux-mêmes, et la bonne foi des tiers (loi *assiduis* l. 1. t. 18 Code).

[1] Sic Gaudenzio Paganini dans le Thès. meermanni t. II p. 701 c. 32.

Dans l'exposition que nous allons faire des règles qui gouvernent la restitution de la dot, nous nous placerons à l'époque du droit classique. Or à cette époque l'action *rei uxoriæ* est la véritable action dotale étant la seule qui ait spécialement pour but le recouvrement de la dot, c'est cette action que nous aurons donc en vue dans le cours de cette étude, nous réservant d'examiner séparément et en dernier lieu les réformes de Justinien et le caractère de la nouvelle action qu'il fit naître de la fusion de l'action *ex stipulatu* de droit strict et de l'action *rei uxoriæ*.

CHAPITRE I

A quelle époque la restitution de la dot peut elle avoir lieu.

Nous aurons à développer sous ce chapitre deux règles biens distinctes, soit par les motifs sur lesquels elles sont basées, soit par les exceptions qu'elles souffrent chacune de leur côté. Elles peuvent être formulées ainsi : 1° la restitution de la dot ne peut être exigée pendant la durée du mariage ; 2° elle ne peut être volontairement opérée par le mari durant la même époque. Nous parlerons ensuite des délais accordés au mari pour la restitution de certaines choses dotales.

§ 1.

De la règle d'après laquelle la restitution de la dot ne peut être exigée pendant le mariage

En apportant une dot à son mari le but de la femme est de contribuer aux charges du mariage. De ce que cette destination de la dot subsiste pendant toute la durée de l'union des époux il résulte que le mari ne peut être contraint de la restituer avant sa dissolution qui peut avoir lieu selon le jurisconsulte Paul par la mort, le divorce, la captivité et la mise en servitude de l'un des époux. (Dig. 1. 1 *de divortiis).*

Mais comme nous allons le voir ce n'est point là une règle absolue et par exception la femme peut exiger la restitution de la dot sans attendre la dissolution du mariage dans les hypothèses suivantes :

Supposons d'abord le mari condamné à la déportation. Dans ce cas, d'après plusieurs textes (Dig. 1. 5 § 4 *de bonis damna* 1. 13 § 1 *de don. int. vir et ux.* 1. 1 Code *de repudiis* 5 17), nous voyons que le mariage n'est pas dissous de plein droit, qu'il subsiste nonobstant la déportation à moins que la femme ne veuille qu'il en soit autrement. *Matrimonium quidem deportatione vel aquæ et ignis interdictione non solvitur, si casus in quem maritus incidit non mutet uxoris affectionem* (1. 1 C. *de repud).* Ainsi la déportation ne donnera point *ipso jure* ouverture à l'action en restitution de la dot mais comme l'apprend la suite du même texte, ni la raison d'équité, ni les

mœurs ne permettent que la femme perde sa dot,
victime de son attachement pour son mari, elle pourra
donc, bien que le mariage dure encore, comme l'observe
Pothier,[1] en poursuivre le recouvrement contre le fisc
auquel les biens de son mari déporté ont été dévolus.

Dans l'hypothèse que nous venons d'examiner nous
trouvons une première exception au principe que la
restitution de la dot ne peut être exigée pendant la
durée du mariage, mais il en est une seconde bien
plus importante, soit parce qu'elle devait être l'objet,
dans la pratique romaine, d'une application beaucoup
plus fréquente que la première, soit parce que nous y
trouvons l'origine de *la séparation de biens judiciaire*,
du droit français. Ulpien nous la fait connaître en ces
termes : « *Si constante matrimonio propter inopiam*
« *mariti mulier agere volit, unde exactionem*
« *dotis initium accipere ponamus ? et constat exinde*
« *dotis exactionem competere, ex quo evidentissime*
« *apparuerit mariti facultates ad dotis exactionem non*
« *suffire.* » Ainsi pendant le mariage la dot doit être
rendue à la femme, dans le cas où l'insolvabilité
du mari la met en péril ; mais du temps des jurisconsultes classiques, pour que la femme eut le droit d'agir
il fallait que l'insuffisance actuelle des facultés du
mari pour répondre de la dot fut clairement démontrée
sans qu'elle fut toutefois obligée d'attendre que l'insolvabilité fut complète, cas auquel son action contre lui
eut évidemment perdu toute son utilité « *nam is nul-*
lam videtur actionem habere, cui, propter inopiam

---

[1] Pothier Pand. liv. xxiv, t. III n° 10.

adversarii, inanis actio est. (l. 6, Dig. *de dolo malo*).

Mais, bientôt, le législateur se montra encore plus favorable à la femme et lui permit de poursuivre pendant le mariage la répétition de sa dot contre son mari par cela seul que le mauvais état de ses affaires faisait entrevoir sa prochaine insolvabilité. Y a-t-il juste crainte d'une dissipation future de sa part. Commence-t-il à gérer ses biens en mauvais administrateur : « *Si malè res maritus gubernet* » « *viro incohante malè substantia uti.* » (Novelle de Justinien xcviii chap. vi), cela suffira pour autoriser la femme à demander la restitution de sa dot.

Cette faculté de réclamer sa dot avant la dissolution du mariage avait quelque chose de contraire à la rigueur des principes et à l'esprit formaliste des jurisconsultes. Aussi ne permit-on d'abord à la femme d'en user qu'à l'aide d'une fiction. Elle put poursuivre contre son mari le recouvrement de ses droits comme si le mariage eut été réellement dissous, mais en feignant qu'un divorce était intervenu; on lui donna une action *rei uxoriæ utilis, quasi facto divortio.* C'est ce que nous enseigne Justinien qui supprima la nécessité de ce détour « *ficti devortii falsa dissimulatione in hujusmodi causa..... Stirpitus cruenda.* »(L. 30 C. *de jure dotum*).

Le tiers qui en constituant la dot en avait stipulé la restitution à l'époque de la dissolution du mariage ne pouvait agir, *duranto matrimonio* en invoquant l'insolvabilité du mari, pour la recouvrer, la condition mise à l'exercice de son droit n'étant point encore arrivée. Cette dot appelée *receptitia.* (Ulp. frag. t. iv, § 5), dans cette hypothèse ne pouvait pas non plus être demandée par la femme pendant la durée du mariage pour cause d'insolvabilité du mari ; car si le divorce avait réellement eu lieu elle n'aurait pu réclamer la dot de réceptice. Or, par l'action *rei uxoriæ utilis*, elle ne peut évidemment obtenir plus que ce qu'elle aurait pu réclamer après un divorce véritable puisqu'elle n'agit alors que *quasi facto divortio*.

Rendue à la femme la dot demeure inaliénable tant que le mariage n'est pas dissous, car si la loi l'autorise dans ce cas à se la faire restituer, ce n'est que dans ce but qu'elle en percevra désormais elle-même les fruits et les affectera à son propre entretien, celui de son mari insolvable et de ses enfants si elle en a. (L. 29, Cod. *de jure dot.*).

§ II

De la règle d'après laquelle la dot ne peut être volontairement rendue à la femme pendant le mariage

Cette seconde règle paraît avoir été établie ainsi que les exceptions qu'elle comporte par les lois *Julia et Papia Poppœa* portée sous Auguste. Cela est généralement admis pour les exceptions et il n'y a aucun motif sérieux pour refuser à la règle elle-même une telle origine. (Voy. l. 27 Dig. *de religiosi.* l. 17 Dig. *de pact. dot.*).

Elle se rattache en effet à l'ensemble du système de législation en vigueur sous ce prince dans le but d'assurer la conservation des dots et de favoriser le mariage dont la dépravation des mœurs éloignait les romains de plus en plus. En effet, « c'est à peine si on se mariait dit M. Troplong : la corruption des mœurs, la soumission des femmes esclaves, l'égoïsme produit par les malheurs publics avaient dégoûté les Romains du mariage... ɪ » Les lois Julia et Papia Poppœa ne durent pas se borner à punir les célibataires ou ceux qui mariés n'avaient point d'enfants, à obliger les pères à marier et doter leurs filles pour qu'elles pussent plus facilement trouver un mari, à assurer à la femme la conservation de ses immeubles et de ses esclaves dotaux, etc. elles durent aussi pour lui faciliter un second mariage à une époque où la multiplicité des divorces rendait si fragile l'union des époux, ajouter une garantie de plus à la conservation de la dot, en défendant au mari de la rendre pendant le mariage à la femme pour fournir à de folles dépenses. Telle est l'origine et le but essentiel de la prohibition des restitutions émancipées de la dot. Cela ressortira encore mieux de l'examen des exceptions apportées à ce principe. On verra en effet, que si dans certains cas limités, la dot peut être prématurément rendue à la femme, c'est qu'alors sa restitution a une cause juste et honnête : « *quia justa et honesta causa est... et ideo recte ei solvitur.* (L. 20, sol. matr.), et qu'il n'est plus à redouter que la femme la dissipe.

Il ne nous semble pas exact de prétendre comme l'ont fait certains auteurs que les jurisconsultes romains auraient déduit la défense de restituer prématu-

ɪ M. Troplong. *De l'influence du Christianisme sur le droit civil des Romains*, 2ᵉ édit. p. 168.

rément la dot à la femme de la prohibition des donations entre époux. S'il y a quelques rapports entre ces
deux dispositions de la loi il n'en est pas moins vrai
de dire qu'elles ont chacune et leurs motifs et leurs
effets spéciaux.

Née vers la fin de la République, de l'abus du divorce, établie à cette époque par la coutume romaine
(*moribus apud nos receptum-est* etc... l. 1, Dig 24.1),
pour empêcher qu'un époux n'exploitât la tendresse
de son conjoint pour lui arracher des libéralités
et le répudier après (l. 3, cod. tit.) la règle qui défen-
dait aux époux de se faire des donations reçut soit des
constitutions impériales soit de la jurisprudence plusieurs exceptions. C'est ainsi que (nous ne citons que
celle qu'il importe de mentionner au point de vue de
notre démonstration) les donations de fruits ou d'intérêts ou le paiement d'une dette non échue étaient
valables quand même, nous dit Ponponius, par ce paiement anticipé, l'époux débiteur eut voulu faire profiter son conjoint de l'intérêt de l'argent depuis le jour
du paiement jusqu'à celui de l'échéance de la dette
(L. 31 § 6, *Dig. de dona inter vir et ux* junge l. 17 et l.
15, § 7 cod.

Ce premier point établi nous allons voir que les
principes qui régissent la prohibition des donations
entr'époux ne pourraient à eux seuls expliquer certains effets de la restitution anticipée de la dot. Nous
voyons en effet dans plusieurs lois que le mari qui
poursuit contre sa femme le recouvrement de la dot
qu'il lui a prématurément rendue peut se faire restituer
avec le capital dotal, les fruits perçus depuis cette res-

titution anticipée en tant qu'elle s'en est enrichie (l. 8
C. *de donat. inter vir etux.* l. 20 C. *de jure dotium*). Or
d'après les principes que nous venons d'exposer relativement à la prohibition des donations entr'époux,
nous devrions décider au contraire que la répétition des
fruits lui est interdite puisque les donations entre conjoints, de fruit ou d'intérêts sont par exception déclarées
valables. Si donc le mari peut dans l'espèce les répéter
avec le capital, sans même attendre la dissolution du
mariage (l. 20 C. de j. dot.) cela tient à ce que la destination de la dot ne peut être changée pendant sa
durée, et que la destination toute spéciale de ces fruits
et de subvenir aux charges de l'union conjugal.
C'est pour cela que pendant tout le temps qu'elle
subsiste ils doivent rester à la disposition du
mari et pouvoir être réclamés s'il en a disposé au
profit de sa femme en dehors des cas prévus par la
loi.

Pour soutenir que la restitution anticipée de la dot
constituait une donation, et devait être à ce titre
frappée de nullité les jurisconsultes romains auraient-
ils vu dans cette remise prématurée le paiement d'une
dette non échue ? mais alors cette avance de paiement
eut constitué une libéralité exceptée, comme nous l'a-
vons observé, de la prohibition.

Il faut donc admettre que bien que le mari puisse
se faire rendre la dot prématurément restituée comme
il peut répéter la donation dont il aurait en violation
de la loi gratifié sa femme, ce n'est pas de cette dernière prohibition que découle la nullité de cette restitution. Il y a donc là deux règles bien distinctes, ayant

chacune leur origine, leurs motifs et leurs effets particuliers.

Une dernière observation va nous fournir une nouvelle preuve de la différence des principes qui régissent, d'un côté, la prohibition des donations
entr'époux, de l'autre, la prohibition des destitutions
anticipées de la dot. Si en effet on admettait que la
nullité de pareilles restitutions dérive de la défense
de donner on dirait : la défense de restituer prématurément la dot a pour but de sauvegarder les intérêts
du donateur, c'est-à-dire du mari, donc la femme ne
peut lors de la dissolution du mariage prétendre qu'il
n'est pas libéré, par la remise qu'il lui a faite de la dot
avant le temps voulu par la loi, et la lui demander de
nouveau. Si l'on admet au contraire que la prohibition
des remises anticipées de la dot a pour but spécial et
principal d'assurer à la femme la conservation de ses
biens dotaux, on dira le mari ne devait pas rendre im-
prudemment comme il l'a fait la dot à la femme ; il
est en faute ; il n'est pas libéré ; celle-ci peut encore
lors de la dissolution du mariage la lui redemander,
c'est ce qui résulte en effet des lois 27 § 1 Dig. *de reli-*
giosis et 1 § 5 Dig. *de dote prælegata.* 33. 4.

Après avoir étudié la règle elle-même nous devons
examiner les exceptions qu'elle souffre. Les lois 73 § 1
Dig. *de jure dotium* et 20 Dig. *sol matrimonio* nous indiquent dans quels cas la dot peut être valablement
rendue à la femme pendant le mariage. Ainsi cette
restitution est autorisée :

1° Pour que la femme pourvoie à ses besoins et à ceux
des gens attachés à son service. C'est ce que signifient

les expressions que nous trouvons dans la loi 73 § 1 pré-
citée: *ut sese suosque alet*. Une foule d'événements
peuvent motiver dans ce but l'abandon anticipé de la
dot à la femme, les nécessités de la guerre, les voyages
obligés du mari par suite de sa profession ou tout
autre circonstance. Dans ces diverses hypothèses la
restitution a une cause légitime puisque les revenus
de la dot serviront à supporter les charges du mariage auxquelles elle est destinée à subvenir.

2° Pour payer des dettes *ut æs alienum solvat*, c'est
là un acte utile et même nécessaire. Il a dû être autorisé comme tel, le but de la loi étant d'empêcher
seulement une restitution légèrement opérée par le mari
et pour fournir a d'inutiles dépenses. Le mari pourra
donc lui remettre une portion de la dot suffisante
pour payer ce qu'elle doit, mais il ne pourrait valablement lui rendre au delà de ce qui est nécessaire à cet
effet.

Des auteurs vont plus loin, et selon eux pour la validité de cette restitution il ne suffit pas que les dettes
existent réellement et que le mari n'ait rendu de la dot
que la portion nécessaire pour les payer. Il faut, de plus
que la femme n'ait pas de biens paraphernaux avec
lesquels elle puisse faire droit à la demande de ses créanciers, ou que les biens paraphernaux qu'elle possède étant plus productifs que ses biens dotaux, il lui
soit plus avantageux de les garder que le fonds dotal
qu'elle emploiera a payer ses dettes.. A l'appui de ce
système on invoque la loi 28 Dig. *de pact dot*. D'après
cette loi n'est pas valable la promesse faite par le mari
pendant le mariage de payer les dettes de la femme

avec les fruits de la dot. Or dit-on si un tel emploi
des fruits constitue alors une donation illicite, *a fortiori*
l'emploi du capital. Il faut donc restreindre dans cette
opinion la portée des termes trop absolus de la loi 20
et surbordonner la validité de la restitution anticipée
dans ce cas à l'existence d'une des deux conditions
indiquées plus haut.

Ce système nous parait restreindre arbitrairement
le sens absolu de la loi 20. Nous croyons qu'il suffit
que l'existence des dettes de la femme soit certaine
pour que l'exception prévue par cette loi reçoive son
application et que le mari soit en conséquence autorisé à remettre à sa femme la portion de la dot nécessaire pour les acquitter. La loi 85 Dig. *de jure dotium*
prouve bien l'exactitude de ces principes; elle suppose
qu'un père ayant donné en dot entr'autres choses, un
fonds à sa fille, la laisse héritière de tous ses biens.
Pressée par les créanciers de la succession elle croit
plus utile de les payer avec le prix de l'aliénation du
fonds dotal qu'avec les biens héréditaires, ceux-ci
étant plus productifs. Sur sa demande le mari consent
à la vente du fonds dotal à condition que le prix soit
réellement employé à cet usage: *si nulla in ea re
captio sit futura*, qu'il n'ait pas (tel est le sens para-
phrasé de ces expressions) de surprise à éprouver l'argent ne recevant pas de sa femme la destination par
elle indiquée. On se demande si la partie de la dot
consistant dans le fonds vendu a été valablement restituée à la femme durant le mariage et le jurisconsulte
répond que la restitution est valable si le prix a réellement été payé aux créanciers.

Ainsi, la seule question posée dans ce texte est celle de savoir si la restitution pendant le mariage d'une partie de la dot nécessaire au paiement de ces dettes est valable et le jurisconsulte met à la validité de cette restitution partielle une seule condition: *si pretium creditori solvatur.* Tel est disons nous, le vrai sens de ce texte qui condamne les restrictions que les partisans du système que nous combattons apportent à la doctrine qui découle tout naturellement des termes absolus de la loi 20: *ut æs alienum solvat,* » et il ne faut pas croire comme on l'a prétendu pour justifier la dernière des restrictions dont nous venons de parler, que ces mots : *si nulla in ea re captio sit futura* signifient : « s'il ne doit en résulter aucun préjudice pour le mari; c'est-à-dire, si en échange du fonds dotal restitué pour être vendu, la femme lui donne une portion des fonds héréditaires produisant de plus gros revenus. Cette interprétation est non seulement contraire aux principes généraux du droit de la dot, mais elle ne tient pas aussi assez compte des dernières expressions de la loi 85. En effet, c'est un principe général que l'échange d'un objet dotal contre un autre objet destiné à le remplacer au même titre peut toujours s'effectuer par la convention des époux (l. 26 et 27. Dig. *de jure dotium*). le jurisconsulte dans la loi 85 ne pouvait donc se poser la question de savoir si le fonds dotal pouvait être remplacé pour le mari par une portion des fonds héréditaires, cet échange étant toujours autorisé par la loi. Le point discuté dans ce texte est uniquement celui de savoir si la restitution d'une portion de la dot durant le mariage a dans l'espèce une *juste cause* et par les derniers mots de ce texte qu'il importe de bien remarquer, le jurisconsulte ne subordonne la validité de cette restitution qu'à cette seule condition : que le prix du fonds aliéné soit payé aux créanciers : *si pretium creditori solvatur, recte solutum,* sans exiger comme il l'aurait du, pour en faire clairement ressortir l'idée qu'on lui prête : que d'autres fonds plus productifs que le fonds aliéné, lui aient été donnés par sa femme en échange de celui-ci.

C'est également à tort qu'à l'appui du système restrictif qui nous paraît devoir être rejeté, on invoque la loi 28 *de pactis dotalibus.* Pour concilier avec elle la loi 20 *solut. matrimonio,* où l'on croyait trouver une décision radicalement contraire à celle donnée dans le premier texte on a imaginé de dire que si, d'après la loi 20 *solut. matr.* la restitution anticipée de la dot pour payer les dettes de la femme était d'une manière absolue déclarée valable, il fallait sous-entendre cette condition : que la femme pressée par ses créanciers n'ait pas d'autres biens que sa dot pour les payer. Mais pour que cette conciliation eut quelque valeur, il fallait au moins que la loi 28 dit ce qu'on lui fait dire et fut réellement en contradiction avec la loi 20, *Dig. solut. matr.,* ce qui devait étonner d'autant plus que ces deux textes se composent de fragments tirés des ouvrages du même jurisconsulte Paul, mais cette opposition prétendue n'existe pas. Ces deux textes prévoient chacun une question différente. Dans la loi 28 *de pactis dotalibus,* on se demande seulement quel sera le sort d'un pacto par lequel le mari soit vant soit pendant le mariage se serait engagé à payer avec les fruits du fonds dotal une dette de la femme ; et le jurisconsulte répond que fait avant le mariage un tel pacte est avlable, que grevée de cette charge la dot sera amoindrie d'autant ; mais que fait après le mariage contracté ce pacte constituera une *mera donatio* ce sera une simple promesse de donner non obligatoire pour le mari. On voit donc qu'il est question dans ce texte non pas d'une restitution réellement opérée pendant le mariage, mais d'une *simple promesse* de restitution qui ne lie pas le mari dans les cas même ou par exception la restitution anticipée de la dot effectuée est valable. Dans cette loi Paul tranche donc une tout autre question que celle qu'il s'est proposé de résoudre dans la loi 20 *soluto matrimonio*, dont les questions *ut æs alienum solvat* ont une portée générale et repoussent clairement les restrictions que nous venons d'examiner.

3° *Ut fundum idoneum emat.* Plusieurs opinions ont été émises sur le sens de ces expressions [1].

Selon Hasse il faut entendre par *fundum idoneum* un immeuble propre à garantir le paiement d'une dette de la femme. On doit supposer suivant lui que la femme a besoin de fournir un fidéjusseur dans une des nombreuses circonstances ou en droit romain on était tenu de cette obligation, elle est par exemple obligée comme héritière de donner caution avec fidéjusseur pour les legs conditionnels ou à terme. Dans ce cas il lui sera très-avantageux que le mari lui remette par anticipation l'argent dotal afin qu'elle en

---

[1] V. les Textes sur la dot *traduits et commentés* par M. Pellat, doyen de la Faculté de droit de Paris. 2e édit. p. 248 et suiv.

achète un immeuble et trouve alors plus facilement
un fidéjusseur à qui elle l'hypothéquera pour assurer
son remboursement.

Qu'on suppose encore qu'elle ait intérêt à obtenir la
remise anticipée de son argent pour acheter un fonds et
l'hypothéquer à un de ses créanciers afin d'en obtenir
un délai ou pour tout autre motif; dans ces diverses
hypothèses il sera vrai de dire qu'elle aura acquis un
fundum idoneum propre à lui procurer les sûretés
qu'elle a besoin de fournir. Enfin, ajoute-t-on, cette
interprétation trouve un nouvel appui dans le rapprochement que le jurisconsulte Paul fait dans la loi 20
de ces deux causes de restitution prématurée : *ut œs
alienum solvat aut prædia idonea emat ;* n'est ce point
parce qu'il existe entre elles une véritable corrélation?
Dans ces deux hypothèses, en effet, le législateur ne se
propose-t-il pas de venir au secours de la femme dans
une situation difficile en lui donnant l'argent nécessaire,
soit pour payer des créanciers, soit pour leur fournir
des garanties au moyen d'une hypothèque ou d'un
fidéjusseur.

Ce système a le tort grave de donner à l'adjectif
idoneus une signification tout-à-fait arbitraire. Ce mot
en effet ne veut pas dire ; *propre à cautionner, à garantir* comme le prétend Hasse, mais : *propre à remplir la destination habituelle de la chose à laquelle on
l'applique.* Or quelle est la destination ordinaire d'un
fonds? de rapporter des revenus. On dira donc d'une
terre productive : *fundus idoneus,* on appliquera la
même qualification à une maison d'une location facile.
Comment admettre d'ailleurs que le jurisconsulte

Paul ait entendu comprendre dans un seul mot l'une ou l'autre des hypothèses compliquées que Hässe est obligé de supposer dans son système ? Quant à l'argument tiré du rapprochement que Paul fait dans la loi 20 de ces deux causes de restitution anticipée de la dot, le cas de dette et celui d'achat d'un fonds *idoneus*, d'un *prædium idoneum*, il tombe devant cette simple observation que la loi 73 § 1, *de jure dotium* énumérant de nouveau les diverses causes de restitutions mentionne bien le cas d'acquisition d'un *fundus idoneus*, mais passe sous silence le cas de paiement de dettes. Cette première explication doit donc être rejetée.

D'après une seconde interprétation que nous croyons préférable il faut entendre par *fundus idoneus prædium idoneum* un immeuble propre à remplir sa destination ordinaire comme une terre d'une exploitation lucrative, une maison d'une location facile. Il sera en effet habituellement plus avantageux pour la femme d'avoir un tel immeuble que de conserver par exemple une dot mobilière souvent peu productive. Mais ce fonds nouvellement acquis appartiendra à la femme, il ne lui sera point dotal, et c'est à tort qu'on a soutenu le contraire ¹ car si dans l'intention des époux ce fonds eut dû remplacer à ce titre la portion de dot prématurément rendue, il y aurait eu plutôt échange que restitution anticipée de la dot, et le jurisconsulte aurait eu tort de ranger cette hypothèse dans les cas où, par exception, cette restitution peut vala-

¹ Sic Glük Pand. t. XXVII, p. 256.

blement avoir lieu, puisque lors de la dissolution du mariage, le mari aurait été dans la même position à l'égard de sa femme que s'il ne lui avait déjà rien rendu, débiteur envers elle d'une dot de valeur égale à celle qu'il avait primitivement reçue [1].

4° *Ut liberis ex alio viro egentibus, aut fratribus, aut parentibus consuleret vel ut eos ex hostibus redimeret...* (loi 20 *sol. matrim.*) Ajoutons pour compléter sa pensée ce que le même jurisconsulte Paul dit dans la loi 73 § 1 *de j. dot* : *ut in exilium vel in insulam relegato parenti præstet alimonia aut ut egentem virum fratrem sororem ve sustineat.* Ainsi la restitution de la dot pourra valablement avoir lieu pour subvenir au besoin des diverses personnes énumérées dans ces deux lois. La cause en est juste et honnête puisqu'il s'agit pour la femme de secourir, sans y être légalement obligée, mais poussée seulement par un sentiment de générosité, des personnes qui toutes lui tiennent de très-près et dont l'énumération n'est pas du reste selon nous limitative. Parmi elles le jurisconsulte Paul mentionne *egentem virum* mais quel est l'*egens vir*, le mari pauvre dont il est ici question?

On s'accorde assez généralement à reconnaître que ce n'est pas le mari actuel à qui la femme aurait demandé sa dot en péril entre ses mains, et fournirait depuis des moyens d'existence dans la misère ou il est plongé; car si tel est l'hypothèse prévue par le jurisconsulte, il aurait eu tort de la ranger parmi les cas ou la dot *peut* être rendue puisque dans l'espèce

[1] En ce sens M. Pellat, op., ci. p. 352.

la femme a le droit d'*exiger* qu'elle lui soit restituée (l. 25 sol. matrim.). En outre dans l'hypothèse supposée on ne peut pas dire que le but de la restitution soit de soutenir le mari (*ut egentem virum sustineat)* mais seulement de *sauver* la dot du danger qu'elle court entre ses mains. Il faut donc recourir à une autre explication.

Quelques auteurs pourtant de cette idée que le jurisconsulte Paul dans la loi 20 *sol. matr.* et 73 § 1 *de jure dotium* énumère les différentes causes de restitution anticipées de la dot d'une manière générale et sans distinguer par quelles personnes cet restitution est effectuée ont cru pouvoir donner de ces mots *egentem virum* l'explication suivante. Qu'on suppose que la dot ait été remise par le constituant non pas au mari mais à son père. Le mari est indigent, la femme voudrait le secourir, mais si elle a des biens suffisants pour s'entretenir elle-même elle n'en a pas assez pour nourrir en même temps son mari. Dans ces circonstances le beau-père que l'on supposera solvable, ne pourra pas être contraint de rendre la dot à sa belle-fille, mais il lui sera permis de la lui restituer s'il le veut, pour qu'elle puisse subvenir aux besoins de son mari.

On a opposé à cette interprétation ce dilemne qui doit la faire repousser : Le mari, l'*egens vir* est, ou n'est point sous la puissance de son père. Y est-il encore? son père solvable doit lui fournir des aliments. En est-il sorti par l'émancipation ? il a eu le droit de se mettre en possession des biens dotaux pour en appliquer désormais lui-même les revenus aux dépen-

ses du ménage (l. 56, § 1, *de jure dot.*). Il est donc
impossible de supposer dans l'un ou l'autre cas la
nécessité d'une restitution anticipée de la dot à la femme
dans le but de le secourir [1].

D'après une autre opinion préférable à celle que
nous venons d'exposer il faut entendre par *egentem
virum* non pas le mari actuel mais un précédent mari
divorcé et sans ressources. N'était-il pas en effet très-
raisonnable d'autoriser dans ce cas la restitution de la
dot pour permettre à la femme de venir en aide à un
malheureux époux dont elle s'est peut-être séparée
sans motifs sérieux, le divorce pouvant s'opérer à
Rome par le simple consentement des deux parties
bona gratia. Qu'on remarque en outre que Paul, ad-
admettant la validité de la restitution de la dot pour
secourir les enfants d'un premier lit, devait naturellement la déclarer bien fondée lorsqu'elle avait lieu
dans le but de subvenir aux besoins de leur père, car
si on suppose ces enfants sous sa puissance, tout ce
qu'ils acquèrent lui profite; donc, en les secourant, la
femme vient nécessairement en aide à leur père.
Cette explication établit ainsi une corrélation entre
ces deux causes de restitution mentionnées par Paul
« *ut egentem virum sustineat* (l. 73 § 1 *d. jur. dot.*) *ut
liberis ex alio viro egentibus consuleret* (l. 20 sol.
matr.*) mais bien qu'elle soit moins forcée que la précédente, elle mérite à quelques égards le reproche qu'on
lui a adressé d'être un peu arbitraire, car, d'abord,
ce n'est pas dans la même loi que nous trouvons réu-

[1]En ce sens M. Pellat. *Textes sur la dot.*

nis les deux membres de phrase que nous venons de citer. Paul, en effet, dans la loi 20 ne parle que des enfants d'un premier lit sans mentionner *l'egen em vir m* et d'un autre côté dans la loi 73 § 1 il n'est nullement question de ce dernier. Dès lors l'argument tiré d'une prétendue analogie entre ces deux causes de restitution énumérées par le jurisconsulte perd beaucoup de sa valeur. En outre, si par l'expression *egens vir*, Paul avait entendu désigner un premier mari divorcé, comment aurait-il employé sans addition ces deux mots qui par eux seuls n'ont pas la signification qu'on leur prête. — En présence de la difficulté de trouver une explication entièrement satisfaisante la conjecture de M. Pellat d'après laquelle il faudrait voir dans la loi 73 § 1 *de jure dotium*, une erreur de copiste parait bien fondée « Paul pourrait « bien dit-il, avoir écrit dans le premier texte (la loi « 73): *egentem ex alio viro filium* comme il a écrit dans « le second : *liberis ex alio viro egentibus*. Avec cette « correction, notre loi 73 présenterait toutes les per- « sonnes mentionnées dans la loi 20 et seulement « celles là. » [1]

Après l'examen que nous venons de faire des cas exceptionnels dans lesquels la dot peut être valablement rendue à la femme pendant le mariage, nous devons rechercher les conséquences de cette restitution anticipée. Et d'abord faut-il pour que le mari soit libéré que la femme ait réellement fait de dot l'emploi convenu ? Nous ne le croyons pas. Il suffit

[1] Op. cit. p 373 in fine.

qu'il n'ait pas légèrement opéré cette restitution. Si donc le caractère de la femme, ses habitudes d'ordre et d'économie donnaient tout lieu de croire qu'elle en ferait l'usage indiqué et *qu'elle n'avait pas l'intention de la dissiper* [1] peu importe que contre toute prévision raisonnable elle n'ait pas appliqué à la destination convenue la dot qu'elle a reçue; on ne pouvait imposer au mari qui avait toute raison de se fier à sa femme pour l'emploi régulier des deniers dotaux une plus rigoureuse responsabilité.

Mais, si la dot une fois remise à la femme et avant qu'elle en ait fait l'usage convenu, le motif de sa restitution vient à disparaître; si, par exemple, les personnes qu'on se proposait de secourir sont mortes, si leur captivité, leurs misères ont cessé, etc. cette dot se trouve sans cause entre les mains de la femme le mari pourra donc se la faire rendre par la *condictio ob causam dati causâ non secutâ*.

Il peut arriver que le mari ait de légitimes craintes sur l'usage que la femme fera de la dot restituée. En ce cas il peut se refuser à la lui rendre ou bien faire lui-même, avec son consentement, l'emploi indiqué (Arg. l. 22 § 1 Dig. sol matr.)

§ III
Des délais accordés au mari pour la restitution de certaines choses dotales.

Le mari dans les cas où il est tenu de restituer la dot *soluto matrimonio*, n'est pas toujours obligé de la

---

[1] *Non perditura uxori.* (l. 22 §, 1 d. *sol matr.*)

rendre immédiatement après la dissolution du mariage. A l'époque des jurisconsultes et avant Justinien on doit faire les distinctions suivantes: 1° le mari a-t-il reçu en dot de l'argent ou des quantités, c'est-à-dire des choses qui se déterminent par le poids le nombre ou la mesure (Ulp. fragm. t. 6 § 8) elles devront être restituées en trois ans, un tiers chaque année (*annuâ, bima, trima die* (*eod* § 8) à moins qu'il n'ait été convenu qu'elles seraient restituées sur le champ. Mais il n'est pas permis aux époux de stipuler qu'elles seront restituées dans un délai plus éloigné que celui de la loi; ils ne peuvent pas plus par une stipulation retarder la restitution de la dot qu'empêcher qu'elle ne soit rendue (l. 15 et 16 Dig. *de pactis dotalibus.*) Toutefois bien que les époux ne puissent pas dans le mariage prolonger par convention le délai dans lequel la dot doit être légalement restituée, une telle convention faite après le divorce sera valable nous dit Julien (l. 8 *eod. tit.*) si elle a une juste cause si elle a lieu par exemple pour remédier au mauvais état des affaires du mari [1] 2° Le mari a-t-il reçu en dot des corps certains qu'il est obligé de restituer en nature? ou bien ils ont péri pendant le mariage par cas fortuit, il n'a rien à restituer à sa femme, il est libéré, ou bien il les a conservés et à l'arrivée de la dissolution de l'union conjugale, il doit les rendre tout de suite, ou bien enfin ils ont péri par sa faute et cette circonstance ne pourra évidemment retarder l'exigibilité de sa dette.

[1] Sic Cujas et Pothier *Pand* liv. xxiii. tit. iv. n° iv *note* 1.

Ce que nous venons de dire sur les délais dont jouit quelquefois le mari pour la restitution des choses dotales s'applique au cas où il est poursuivi par l'action *rei uxoriae*, mais lorsqu'il est poursuivi en restitution de la dot par l'action *ex stipulatu* il doit, en l'absence d'une convention contraire, la rendre quelle qu'elle soit, immédiatement après la dissolution du mariage.

Nous venons d'examiner l'état de la législation avant Justinien. Cet empereur établit quant aux délais de restitution une dictinction nouvelle. D'après sa constitution (l. *unic.* Code, de *rei ux. act. etc.* § 7) il faut examiner si la dot apportée au mari consiste en *immeubles* ou en *meubles* corporels ou incorporels, au premier cas elle devra être restituée immédiatement après la dissolution du mariage, au second cas dans le délai d'un an à dater de la même époque. Le mari laisse-t-il expirer le délai fixé par la loi sans opérer la restitution, il devra les intérêts à 4 0/0 de la valeur estimative de la dot mobilière (*omniun rerum quœ extra mobiles sint*,) à dater de l'expiration de la première année, et les fruits de la dot immobilière à dater de la dissolution du mariage (*cod* § 7 *in fine*). Il en sera de même des redevances annuelles du prix du louage d'un navire ou de bêtes de sommes, ou des *operœ servorum*, et autres semblables revenus.

CHAPITRE II

Qui peut intenter l'action en répétition de la dot, contre quelle personne doit elle être exercée ?

SECTION PREMIÈRE

Qui peut intenter l'action en répétition de la dot,

Pour savoir qui peut agir en répétition de la dot il importe de distinguer deux hypothèses. Ou bien, au moment où elle a été constituée sa restitution a été l'objet, soit d'une stipulation, soit d'un pacte, ou bien il n'est intervenu à la même époque ni *stipulatio* ni pacte *reddendâ dote.*

§ I

Du cas ou le retour de la dot a été l'objet d'une stipulation ou d'un pacte.

Celui qui constitue la dot peut exiger du mari ou de son père s'il est sous sa puissance l'engagement de la lui restituer lors de la dissolution du mariage. Dans ce but si les parties ont recouru aux formes civiles et solennelles de la *stipulatio* il en résultera au profit du stipulant une action de droit strict l'action *ex stipulatu* par laquelle il pourra poursuivre le recouvrement de la dot lors de l'arrivée de l'événement qui mettra fin à l'union des époux. Les parties contractantes peuvent spécialement prévoir telle ou telle cause de dissolution du mariage, ou bien la stipulation

de rendre peut être conçue en termes généraux par
exemple : *Si quo casu Titia tibi nupta esse desierit dotem dabis?* » (l. 56 Dig. *sol. matr.*) Dans ce cas, quel
que soit l'événement qui brise les liens conjugaux le
droit du stipulant pourra s'exercer. Si au contraire,
dans les termes de leur engagement, les parties n'a-
vaient expressément compris qu'une cause de dissolution de mariage, la mort, la captivité de l'un des
époux etc, la stipulation devrait s'interpréter restrictivement et ne s'entendre que de la cause de dissolution formellement prévue.

Le tiers constituant qui stipule le retour de la dot
doit nécessairement le faire au moment même de la
constitution dotale. Il en est autrement à l'égard du
père qui constitue une dot à sa fille placée sous sa
puissance, il pourrait valablement en stipuler le retour
même après la constitution dotale, mais avant le mariage. Jusqu'à ce moment, en effet, il est en son pouvoir d'empêcher qu'il n'y ait dot en refusant à sa fille
l'autorisation de se marier, il pourra donc jusqu'à
cette époque empirer par une convention la position
de celle-ci quant à sa dot, ce qu'il ne pourrait pas
faire après soit par une stipulation, soit par un pacte.
Toutefois si sa fille y consentait, il pourrait même
pendant le mariage stipuler valablement le retour de
la dot par lui constituée (l. 29 et 40 *solut, matri.*)

Lorsque l'union des époux est dissoute par le prédécès de la femme, le mari gagne, comme nous le
verrons, la dot adventice, mais si la femme *sui juris* a
eu soin d'en stipuler la restitution, elle s'est ainsi acquis l'action *ex stipulatu* transmissible à ses héritiers

qui pourront à sa mort répéter la dot contre le mari. Le mariage est-il dissous par le prédécès du mari ou le divorce, la femme, qui en l'absence de toute stipulation antérieure relativement à la restitution de sa dot pourrait bien la répéter par l'*actio rei uxoriæ* mais on verra combien il lui est plus avantageux de s'être assuré par avance le droit de la redemander par l'action *stricti juris* naissant de la stipulation.

Remarquons enfin que si le retour de la dot a été stipulé par une fille sous la puissance de son père soit au nom de ce dernier soit en son propre nom, le bénéfice de cette stipulation est acquis à celui-ci. Il pourra donc poursuivre *soluto matrimonio* le recouvrement de la dot par l'action *ex stipulatu*.

Supposons maintenant que la constitution de la dot soit accompagnée non d'une stipulation de retour mais d'un simple pacte *de reddenda dote* au profit du constituant, quel sera l'effet de ce pacte ? avant de répondre à cette question il convient de rappeler quelques principes. Le simple pacte en règle générale ne donne droit à aucune action, c'est ce qu'exprime Ulpien en ces termes: *nuda pactio obligationem* (*obligationem* est ici employé pour *actionem*) *non parit sed parit exceptionem* (l. 7 § 1 *de pactis*. Dig. 2-14) mais lorsque une partie avait de son côté exécuté la convention, la jurisprudence romaine était arrivée après quelque hésitation à lui reconnaître le droit de poursuivre au moyen d'une action de droit civil appelée *actio præscriptis verbis*, l'exécution de l'obligation corrélative de l'autre partie.

C'est par l'application de ces principes que les

jurisconsultes avaient résolu la question que nous
venons de poser. Lors en effet qu'il est intervenu
entre le constituant et le mari un pacte par lequel le
premier s'engage à lui donner telle dot, le second, à
la lui restituer lors de la dissolution du mariage, il n'y
a là qu'un *nudum pactum* non obligatoire d'après le
droit civil, mais, si celui qui constitue la dot la remet
en même temps au mari, et exécute anisi de son côté
son obligation, il acquiert par cela même le droit d'agir
à l'arrivée du terme convenu, contre l'*accipiens*,
c'est-à-dire le mari, pour le contraindre à exécuter la
sienne ; et pour arriver à ce résultat, il intentera contre
lui l'action civile *prœscriptis verbis*. Au surplus le
pacte de *reddenda dote* doit intervenir au moment même
de la constitution de la dot et être joint à la *datio* effective de cette dot, pour produire l'effet que nous venons de lui attribuer. Un tel pacte peut être fait valablement par tout constituant excepté par le père de la
femme dans son intérêt personnel,[1] (l. 6 Code de *jure*
dot.)

Cette action *prescriptis verbis* résultant du pacte
de *reddenda dote* joint à la constitution de dot est
une action de bonne foi. Mais c'est une question controversée parmi les interprètes que celle de savoir si
cette action revet le même caractère en dehors des
deux cas cités dans les institutes, celui d'échange et
celui de contrat estimatoire (§ 29 de act.) Il nous
paraît résulter des textes suivants. Dig. *l. 17. § 2 in
fine de prœscript. verb. l. 2 § 2 in fine, de precario*

---

[1] M. Demangeat, cours élém. de dr. rom. t. ii p. 581

de l'origine de cette action, de la raison déquité qui en a suggéré l'emploi aux juris-consultes romains *ut fides placiti servetur* (Code l. 4 de rer. permut) qu'elle est de bonne foi dans tous les cas où elle est donnée par la loi.

I

Du cas où le retour de la dot n'a été l'objet ni d'une stipulation ni d'un pacte

A défaut de stipulation ou de pacte sur le retour de la dot, il importe de distinguer comment le mariage a été dissous.

L'a-t-il été par le divorce ou le prédécès du mari, la femme pourra répéter sa dot par l'action personnelle et de bonne foi appelée *actio rei uxoriæ*. Elle pourra l'intenter seule, elle-même ou par procureur. (Vaticana. fragm. § 112,) si à cette époque elle est *sui juris* sans qu'il importe de rechercher à quel moment elle a cessé d'être soumise à la puissance paternelle.

Elle lui appartient à l'exclusion de son père et des héritiers de celui-ci, et alors même qu'il l'aurait exhérédée. Il n'y a pas à distinguer non plus si la dot adventice ou profectice quelle que soit son origine la fille indépendante pourra la demander seule au mari ou à ses héritiers. Mais si au moment où le mariage est dissous par la même cause, la femme survivante se trouve encore soumise à la puissance de son père. C'est à lui qu'appartient l'action *rei uxoriæ* d'après la règle que ce qu'acquièrent les fils ou les filles de familles est acquis à celui qui les a sous sa puissance,

(Ulp. *frag.* t. 9 § 18 ; mais remarquons la dérogation importante que subit ici cette règle : Le père ne pourra en principe exercer cette action qu'avec le concours de sa fille : *adjunctâ filiæ personnâ* (Ulpien. *fragm.* t. vi § 6.) ou du moins son consentement (l. 2. § 2 et 22 § 1 § 5 § 6, dig. *sol matrim.*) La même obligation lui est imposée pour pouvoir recevoir valablement la dot que le mari offrirait de lui restituer, (l. 34 § 6 dig. *de solut. et liberationibus.*) Cette dérogation aux principes qui régissent les effets de la puissance paternelle se justifie par cette considération que cette dot doit servir à la femme à se remarier. Si on permet au père de famille d'agir pour la faire restituer, elle n'en garde pas moins sa destination et c'est en vue de cette destination que la loi permet à sa fille de veiller à sa conservation en n'autorisant son père à exercer l'action dotale qu'avec son consentement. Il est donc vrai de dire avec le jurisconsulte Julien que la femme est *in causam dotis particeps, quasi socia obligationis patri,* (l. 34 § 6 dig. *de solutionibus.*)

Remarquons enfin que l'origine de la dot est ici indifférente. Quel que soit donc celui qui l'ait constituée, qu'elle soit adventice ou profectice, le père n'en devra pas moins, pour agir valablement, exercer l'action dotale avec le consentement de la fille soumise à sa puissance. Si dans la loi 2 § 1ᵉ dig. *solut. matrim.* Ulpien suppose que la dot est profectice, il ne faudrait pas en conclure en dénaturant la pensée de ce jurisconsulte et par un argument *è contrario* que selon lui le consentement de la femme est inutile quand la dot

est *adventice*, comme l'a fait bien observé Pothier. [1]
Ulpien suppose une dot profectice dans l'espèce
prévue dans cette loi parce qu'il pouvait sembler plus
douteux que le père eut besoin de l'intervention de sa
fille pour répéter une dot venant de lui. Au surplus le
§ 6 du titre vi des *fragments* d'Ulpien ne laisse subsister aucun doute sur le véritable sentiment de ce
juris consulte.

Mais de quelle manière le consentement de la fille
devra-t-il être donné ?

Examinons successivement deux hypothèses pos-
sibles: ou bien la fille est présente, ou bien elle est
absente au moment où son père veut agir en répétition
de sa dot.

Au premier cas, elle est réputée consentir par cela
seul qu'elle ne s'oppose pas formellement à ce que
son père intente l'action dotale. C'est ce que nous apprend Ulpien dans la loi 2 § 2 *solut. matri.* en rappe-
lant qu'un rescrit d'Antonin l'avait ainsi décidé: « et
*est ab imperatore Antonio rescriptum filiam nisi evi-
denter contradicat videri consentire patri;* mais si la
fille présente est en démence, on ne peut évidemment
dans ce cas exiger que le père consulte sa volonté
puisque *furiosi ullum esse consensum manifestum est*
(l. 2 Code 4. 38) mais il est raisonnable de supposer
qu'elle aurait consenti à l'exercice de l'action *rei uxoriæ* si elle avait eu sa raison plutôt que de faire profiter
le mari ou ses héritiers de son inaction et comme au
moins dans le doute il eût été injuste de laisser le mari

---

[1] Pothier *Pandect. l.* xxiv t. iii. n° 0 *note* 4.

tirer avantage de sa folie, on conçoit très-bien que dans l'espèce la loi autorise le père à poursuivre seul la restitution de la dot. (l. 2 § 2 Dig. *sol. matr.*) il exécute ainsi la volonté légalement présumée de sa fille *quasi ex voluntate filiæ videri experiri patrem* (*eod.* §).

Le consentement exprès ou tacite de la fille a l'exercice de l'action dotale doit intervenir. 1°Au moment de la *litis contestatio.* Donc si elle déclare d'abord ne point s'opposer à ce que son père intente l'action *rei uxoriæ*, mais manifeste une volonté contraire ou est émancipée (ce qui entraîne révocation tacite de son consentement.) Avant la *litis contestatio* son père n'agira point valablement *frustra pater aget* (l. 22 § 5 *cod. tit.* Le concours de volonté du père et de sa fille doit exister 2' au moment du paiement de la dot; *non solum autem in exigenda sed etiam in solvenda dote quæ communis est patris et filiæ utriusque voluntas exquiritur :* (l. 3 *cod. tit.*) Nous verrons bientôt les conséquences de l'inobservation de cette règle tant par rapport à la fille que par rapport au père. Nous avons jusqu'ici supposé la femme présente, mais que décider si elle est absente au moment où son père voudrait intenter l'action dotale ? Lorsqu'on sait où elle est, et qu'elle a été avertie que son père allait intenter l'action elle sera réputée consentir par cela seul qu'elle ne manifeste point son opposition, mais si elle est tellement éloignée qu'il y ait péril pour la dot à attendre qu'elle ait été consultée, ou enfin si on ne sait absolument où elle est, son père pourra intenter l'action dotale en son propre nom et au nom de sa fille comme

procurator en donnant caution qu'elle ratifiera. (l. 2
in fine sol. mat. Mais si, comme le suppose Ulpien dans
la loi 22 § 6 *eo d. tit*, la fille s'est enfuie et se caché
pour n'avoir point à refuser ouvertement à son père
son consentement, le préteur devra examiner les motifs de ce refus tacite et la conduite du père et pourra
cognita causa accorder l'action à ce dernier. Il le devra
si la *contradictio* de la fille lui paraît non justifiée
comme si le père est d'une conduite irréprochable,
la femme au contraire légère, irréfléchie à cause de
son jeune âge ou trop généreuse pour un mari qui ne
le mérite point (l. 22 § 6 *eod*). Il ne le devra point au
contraire, si son inconduite fait craindre qu'il ne dissipe
la dot aussitôt reçue (*eod*).

À l'inverse, au moment où sa fille présente voudrait
obtenir la restitution de sa dot, le père peut être absent
soit par suite d'une condamnation pénale telle que la
rélégation dans une île, soit par suite de sa captivité
chez l'ennemi, ou par tout autre motif(l. 22 *eod* § 4 et
§ 11, l. 8 pr. Dig de *procurat.*) elle pourra alors intenter elle-même l'action dotale en donnant caution
que son père ratifiera. De même si le père est en démence au moment de la dissolution du mariage, son
curateur pourra intenter l'action dotale avec le consentement de la fille, mais à défaut de curateur la fille
elle-même pourra l'intenter en donnant cautio *de rato*
l. 22 § 10, *eod t*. Elle pourrait encore exercerelle-même
l'action dotale si les mœurs désordonnées de son père
donnaient lieu de craindre qu'il ne dissipât la dot aus.
sitôtremise entre ses mains (l, 22 § 6 *eod* t. et l.8 Dig
de *procurat.*)

Lorsque, contre les prescriptions de la loi la dot a
été rendue soit à la fille soit à son père sans le concours de leurs volontés, le mari n'est pas libéré et
l'action dotale pourra de nouveau être exercée contre
lui. A-t-elle été restituée au père sans le consentement
de sa fille, celle-ci devenue *sui juris* pourra de nouveau la répéter contre son mari (l. 2 § *sol. matr*). A-t-
elle été restituée à la fille contre la volonté de son
père, il pourra soit du vivant, soit après la mort de
celle-ci exercer de nouveau contre le mari l'action en
répétition de la dot (*eod* §.) Tel est le principe, mais les
textes nous montrent qu'en certains cas on doit s'é-
carter de sa rigueur. C'est ainsi que si la restitution
a été faite par le mari sans le consentement du père,
à sa femme dont les habitudes n'indiquaient nullement
l'intention de la dissiper (*non perditura uxori*) et pour
de justes causes (*ex justis causis*) c'est-à-dire pour une
des causes qui légitiment comme nous l'avons vu (*supra ch.* 1ʳʳ) la restitution anticipée de la dot. [1] Son
père ne serait point admis à la répéter de nouveau
contre le mari, (l. 22 §1 *eod*). Sa prétention devrait
encore être écartée s'il avait touché les deniers dotaux rendus à sa fille sans son consentement (l. 5 *in
fine eod.*)

De même si le père répétait la dot sans le consentement de sa fille et la donnait pour elle à un second
mari c'est en vain que celle-ci devenue *sui juris* l'aurait de nouveau réclamée à son premier mari car la

[1] Sic Doneau. op. omnia Comm. de jure civ. t. III. l. XIV, cap.
VI. XXIV.

dot, bien qu'exigée sans sa volonté, ayant tourné à son profit, il y aurait dol de sa part à vouloir obliger le mari à une nouvelle restitution. (l. 4 *cod. tit*). Son action contre son mari devrait également être repoussée, si, après une première restitution de la dot faite au père sans son consentement, elle était appelée à toucher soit comme héritière soit comme légataire dans la succession de ce dernier une somme au moins égale à la valeur de sa dot (l. 22 § 3 *cod. tit.*)

II. Le mariage a-t-il été dissous par le prédécès de la femme, il faut pour savoir à qui la dot doit être restituée, examiner si elle est *profectice* c'est-à-dire si elle provient du père ou d'un autre ascendant male de la femme, ou *adventice* c'est-à-dire si elle a été constituée par toute autre personne (11 l. p. *frag. tit.* VI § 3.)

Est elle adventice? elle reste au mari à moins qu'il n'ait lui même donné la mort à sa femme; en ce cas l'action dotale appartient aux héritiers de celle-ci. Réciproquement, si la femme avait tué son mari elle ne pourrait pas répéter la dot contre les héritiers de ce dernier (l. 10 § 1 *sol. matr.* Dig.) Il eut été évidemment trop injuste que l'un ou l'autre époux pût profiter de son crime. Tel était avant Justinien le droit du mari sur la dot adventice lorsque le mariage était dissous par le prédécès de la femme et que le constituant n'en avait point stipulé le retour; mais nous verrons quelles importantes réformes cet empereur introduisit sur ce point dans l'intérêt de la femme et de ses héritiers.

La dot est-elle profectice? elle fait retour (et c'est

là le seul intérêt de la distinction entre la dot adventice et la dot profectice) à l'ascendant qui l'a constituée. Aux regrets que lui inspire la mort de sa fille il
ne faut pas ajouter, nous dit Pomponius, la douleur de
perdre aussi son argent ; *ne et filiæ amissæ et pecuniæ
damnum sentiret* (l. 6 pr. *de jure dot.*) Remarquons
bien que c'est seulement à titre d'ascendant paternel
qu'il vient recueillir la dot par lui constituée, c'est sur
ce seul titre que son droit est légalement fondé et non
sur des liens civils de puissance paternelle. De là
cette conséquence qu'il importe peu au point de vue
de l'exercice de son droit de retour que la dot ait été
par lui donnée à une fille émancipée ou non ou bien
qui l'ait constituée pour une fille alors sous sa puissance mais émancipée depuis. Bien que ce point soit
clairement établi par plusieurs textes, (voy. l. 10 pr. et
l. 59 Dig *sol. mat.* l. 5 Dig. *de divortiis* ; l. 71 Dig. de
evict.) des auteurs ont cependant prétendu que le père
ne pouvais pas lors de la dissolution du mariage par le
prédécès de sa fille réclamer la dot si à ce moment elle
n'était plus sous sa puissance. A l'appui de leur opinion
il invoquent la loi 4 Code *sol matrim.* « Si la femme *filia
familias*, est morte pendant la durée du mariage la dot
perfectice fait retour au père. » *Dos a patre profectas ii
in matrimonio de cessert mulier filia ad patrem familias
redire debet.* Donc *a contrario*, dit-on, si la femme ne
meurt pas sous la puissance de son père ce dernier ne
pourra répéter la dot, mais si l'argument *a contrario*
est généralement de peu de valeur dans l'interprétation des lois romaines surtout en présence d'autres
textes qui résolvent clairement la question dans un

autre sens, il y a une raison toute spéciale pour le négliger ici : c'est que le texte précédent est un simple rescrit où l'empereur Alexandre sévère répondait à celui qui le consultait dans une espèce où probablement la femme décédée se trouvait *filia familias*. Il ne faut donc pas lui donner une portée absolue.

Supposons qu'un aïeul paternel ait donné à son gendre une dot pour sa petite fille, et vienne à mourir, la dot par lui constituée fera-t-elle retour au père de la femme si elle est morte *in matrimonio* après le décès de l'aïeul ? Nous voyons dans la loi 79 pr. *de jure dotium Dig.* que Servius et Labléon admettaient la négative. Tandis que celle (l. 6 Dig. de *collat. honor.*) le décidait autrement. La décision de ces deux premiers jurisconsultes est conforme aux principes rigoureux du droit, dit Pothier, mais l'équité doit faire admettre la doctrine de Celse [1]. En effet d'après la rigueur du droit une dot n'est profectice que si elle provient des biens de l'ascendant ou de son fait (l. 5 Dig. *de jure datium*) or dans l'espèce elle sort des biens de l'aïeul et non de ceux du père ; elle devrait donc *juris ratione* retourner à ce dernier mais l'équité exige qu'elle fasse retour à celui en considération de qui elle a été donnée. Or c'est en considération de son fils obligé d'en donner une à sa femme que l'aïeul a doté sa petite fille. Quelques auteurs proposent une autre conciliation [2]. Selon eux la dot dans l'espèce prévue dans la loi 6 de *collat. bon.* fait retour au père parce

---

[1] *Æquitas vero diversum suadet....* • Pothier. Pandect. tit *solut matr* I part. sect. 2 art. 1 n° 2.

[2] Sic Pacius Lég. *conciliat cent* V. q. 55.

que c'est en considération de son fils qu'il l'a constituée.
Dans l'hypothèse de la loi 79 *de jure dotium* au
contraire, l'aïeul l'ayant constituée uniquement en
considération de sa petite fille le père ne peut élever
sur elle aucune prétention.

Si au moment où le mariage est dissous par la mort
de la femme, son frère est prédécédé, la dot quoique
profectice restera au mari. Il en sera de même si les
biens du père condamné ont été confisqués. Toutefois
s'il l'avait constituée le crime déjà commis, et pour
empêcher la confiscation le fisc pourrait attaquer cette
constitution comme faite en fraude de ses droits et la
faire révoquer (l. 8 § 4 Dig. *de bon. damnat.* et loi 9
eod tit).

Lorsque la dot profectice fait retour à l'ascendant
paternel elle ne lui revient que déduction faite au profit
du mari d'autant de cinquièmes qu'il y a d'enfants et
selon Ulpien (fragm. t. VI ₰ 4) ces déductions s'opèrent
in infinitum. Mais qu'entend il par ces expressions ?
Les auteurs en ont donné diverses interprétations.

Cujas [1] part de cette idée qu'il est impossible au
mari de retenir pour chaque enfant un cinquième de
la dot lorsque il y en plus de cinq il faut selon lui
procéder ici de la même manière que pour le calcul
de la *quarte* due à chaque enfant pour écarter la
querela inofficiosi testamenti. Il devra rester *pro liberis*
entre les mains du mari le cinquième de la part que
chaque enfant aurait eue de la dot s'ils l'avaient
trouvée toute entière dans la succession du père. Par
exemple pour *un* enfant il gardera 1/5 de toute la dot ;

[1] Cujas Inttt. *de rei uxor. act.* T. 9. p. 468.

pour *deux*, deux fois un 1/5 de la moitié (·⁄·) pour *trois* 3/15 de la dot, etc. Or l'on voit si on réduit ces fractions au même dénominateur qu'elles sont égales entr'elles et que la règle de Cujas se réduit à attribuer 1/5 de toute la dot au mari quel que soit le nombre d'enfants.

Pothier [1] adopte un autre mode de calcul, celui de Cujas étant peu conforme au texte d'Ulpien qui ne parle pas d'un cinquième de la dot à déduire quel que soit le nombre des enfants, mais de plusieurs cinquièmes en nombre progressif. Selon Pothier, on devra donc procéder de la manière suivante : Pour le premier enfant le mari prendra 1/5 de toute la dot, pour le second 1/5 de ce qui reste et ainsi de suite à l'infini.

Cette explication est plus satisfaisante que celle de Cujas en ce qu'elle s'accorde mieux avec les expressions employée par le jurisconsulte dans le fragment précité mais elle suppose dans la pensée d'Ulpien un mode de calcul trop compliqué. Aussi nous préférons le système enseigné par M. Pellat. Selon lui le mari prendra autant de cinquièmes de la dot entière qu'il y a d'enfants ; il la gardera par conséquent en totalité s'il y en a cinq ou plus ; et quand le jurisconsulte nous dit qu'il opérera ces retenues *in infinitum* cela signifie simplement sans limitation : « sans autre limite « que celle qui résulte de la nature des choses qui ne « permet pas de prendre plus de cinq cinquièmes dans « un entier [2]. »

Ce qui prouve bien que telle est ici l'idée d'Ulpien

[1] Pothier *Pandect.* liv. 24 t. 3 1 part. sect. 1 art. 1 note 1.
[2] M. Pellat, *op. cit.* p. 8

c'est que dans le § 10 où il parle de *sixièmes* à retenir par chaque enfant et pour une autre cause, il a soin d'ajouter, sans doute pour qu'on ne donnât pas à ses expressions le même sens que dans le § 4 c'est-à-dire qu'on n'opérât point ces retenues de *sixièmes* comme on devait opérer les retenues de *cinquièmes* dans le cas prévu § 4, jusqu'au complet épuisement de la dot : *non plures tamen quam tres sextæ in retentione sunt...* »

III. Nous avons vu à quelles règles était soumise la restitution de la dot quand le mariage était dissous soit par le prédécès de la femme soit par celui du mari. On peut dans une troisième hypothèse supposer les deux époux morts dans le même moment ; dans ce cas la dot appartiendra aux héritiers du mari qu'elle soit adventice ou même profectice, pourvu toutefois que l'ascendant paternel qui l'a constituée soit décédé avant les époux (l. 32 § 1 Dig. *de religiosis add.* l. 9 § 3 Dig. *de rebus dubiis*).

Dans les cas où l'action dotale *rei uxoriæ* appartient soit à la femme soit à l'ascendant paternel elle n'est transmissible à leurs héritiers que si avant leur décès ils l'ont déjà intentée ou au moins mis le mari ou ses héritiers en demeure de la restituer. Ainsi il n'est pas nécessaire qu'il y ait eu *litis contestatio* la mise en demeure suffit. (Ulp. fragm. t. VI § 7 *add.* Vati. fragm. § 97). Le § 112 des *fragmenta Vaticana* nous offre le procès-verbal d'une interpellation faite devant le magistrat et ayant pour effet de mettre en demeure le mari.

De ceux contre qui l'action en restitution de la dot peut
être intentée

Lorsque la restitution de la dot n'a été l'objet ni
d'une stipulation ni d'un pacte au profit du constituant,
c'est par l'action *rei uxoriæ* qu'elle devra être
poursuivie. Contre qui cette action, à l'arrivée de
l'évènement qui y donnera ouverture, pourra-t-elle
être intentée ?

Et d'abord le mari ou celui sous la puissance duquel
il se trouve pouvant seuls recevoir quelque chose à
titre de dot c'est seulement contre eux que peut être
intentée l'action *rei uxoriæ* et pour savoir contre
lequel des deux elle doit l'être, il faut faire la distinction suivante :

Le mari était-il *sui juris* au moment où il a reçu la
dot, elle est entrée dans son patrimoine et c'est contre
lui seul que l'action *rei uxoriæ* pourra être intentée,
soit nous dit Ulpien (l. 22 § 12 Dig. *sol. matr.*) que la
dot lui ait été donnée à lui-même, soit que de son
consentement elle ait été donnée à un autre placé ou
non sous sa puissance.

Le mari était-il *alieni juris* au moment de la constitution de dot, plusieurs hypothèses peuvent se présenter.
Ou bien c'est au père sous la puissance duquel il se
trouvait que la dot a été donnée c'est alors contre le
père seul que l'action *rei uxoriæ* pourra être intentée

elle ne pourra l'être contre le mari dans ce cas que
si il est devenu l'héritier de son père, cas dans lequel
il serait en cette qualité tenu des obligations de ce
dernier — ou bien c'est le mari lui même *filius
familias* qui a reçu la dot. Or d'après les principes
généraux « *filius familias ex omnibus causis tanquam
pater familias obligatur* » le fils de famille s'oblige
commeun *pater familias* par toutes les causes d'obligations (Dig. l. 39 *de oblig. et a·tion*. l. 141 § 2 *de
verbor. oblig.)* et peut être directement actionné pour
celles qu'il a contractées. Donc, dans l'espèce, en
recevant la dot, il s'est lui même obligé à la restituer,
et c'est contre lui que pourra être intentée l'action *rei
uxoriæ*. Mais serait-ce contre lui seul et ne pourra-
t'elle jamais être également intentée contre l'ascendant
sous la puissance duquel il se trouvait au moment de
la réception de la dot? Sans doute d'après la rigueur
du droit civil on aurait dû répondre que le chef de
famille ne peut être tenu des obligations contractées
par les personnes soumises à sa puissance, mais de
bonne heure le droit prétorien au moyen de l'introduction notamment des actions *quod jussu, de peculio
et de in rem verso*, vint apporter à ce principe
rigoureux de justes tempéraments et permit dans
certains cas d'actionner directement le maître pour les
obligations contractés par les personnes soumises à
son pouvoir. Faisons l'application de ces principes à la
question que nous nous sommes posée.

Le fils de famille a t'il reçu la dot sur l'ordre direct
de son père, (il en serait de même si le *jussus* du chef
de famille était intervenu après coup sous forme de

ratification l. 1 § 6 Dig. *quod jussu*), l'action *rei uxoriæ* transformée en action *quod jussu* par une modification introduite par le préteur dans la formule, pourra être intentée contre le père *in solidum*. A-t-il reçu la dot sans l'ordre de son père l'action *rei uxoriæ* transformée en action *de peculio et de in rem verso* par une modification apportée par le préteur dans la *condamnatio* de la formule pourra être intentée contre le père jusqu'à concurrence du profit qu'il aura retiré de la dot ou au moins, s'il n'en a point profité, jusqu'à concurrence du pécule (l. 22 § 12 Dig. *sol. matr.*) en y faisant entrer tout ce que la femme doit à son mari (1 25 *cod. tit.*)

Comme nous le verrons bientôt l'action *rei uxoriæ* jouit d'un privilge qui consiste à donner à la femme agissaint en répétition de sa dot la préférence sur les autres créanciers non hypothécaires de son mari. Lorsque l'ation *rei uxoria* est intentée *de peculio* contre le père, dans l'espèce qui nous occupe elle conserve son caractère d'action privilégiée et donnera à la femme le droit d'être préférée aux autres créanciers du père agissant comme elle *de peculio* contre lui. Si le père est lui-même créancier de son fils, et vient à ce titre avant les autres créanciers prélever sur le pécule le montant de ce qui lui est dû il sera pour cela préféré à la femme excepté toute foissur les choses données en dot ou achetées avec l'argent dotal. (Argum. de la loi 22 § 13 *cod. tit.*)

L'obligation de restituer la dot dont le mari ou le père peuvent être tenus est transmissible à leurs héritiers ou autres successeurs. (L. 22 § 12 et 31 pr.

cod tit) sans qu'il soit nécessaire pour cela qu'ils aient été mis préalablement en demeure de la restituer[1].

Quand la dot a été donnée au père du mari nous avons vu que le mari ne peut être actionné en restitution qu'autant qu'il est devenu héritier de ce dernier. Est-il seul héritier ? Il sera tenu *in solidum* de l'obligation de rendre la dot. N'est-il héritier que pour partie il ne sera tenu qu'en proportion de sa part héréditaire.

Supposons que le père qui a reçu la dot vienne a mourir *constante matrimonio* laissant son fils, le mari, héritier pour partie, ou bien exhérédé. Celui-ci pourra prélever sur sa succession (par l'action *familiæ erciscundæ* directe s'il est héritier pour partie, par l'action *fam. erciscundæ* utile s'il a été exhérédé) la dot de sa femme en totalité, car c'est désormais sur lui seul que pèsent les charges du mariage son père qui les avait supportées jusque là n'existant plus, or la dot doit toujours rester là où se trouvent les *onera matrimonii* (l. 56 § 1 et 2 Dig. *de jure dot*) il pourra donc la prélever pour y subvenir. Mais comme ses cohéritiers n'en resteront pas moins tenus chacun pour leur part héréditaire de l'obligation de restituer la dot à la femme après le divorce ils pourront exiger du mari qui voudra opérer ce prélèvement qu'il leur donne caution de les défendre contre l'action en restitution de la dot, que

[1] C'est donc a tort que Cujas a prétendu (t. 9 p. 460 *in tit de rei ux. act.*) que pour pouvoir exercer l'action *rei uxoriæ* contre les héritiers de son mari la femme devait avoir d'abord mis ce dernier en demeure de rendre la dot. Dans ce système l'exercice de l'action dotale serait toujours impossible au cas de dissolution du mariage par le prédécès du mari. (*sic* M. Pellat, op. cit. p. 14).

la femme pourrait plus tard intenter contr'eux. (Dig.
l. 20 § 2 et 51 *fam. ercise.* 10 2). Remarquons au
surplus que le mari exercera ce prélèvement dans les
limites seules de l'obligation que la réception de la dot
aura fait naître pour le père. Donc si la dot a été livrée
au père lui même le mari pourra la *prélever* en totalité,
mais si c'était le fils qui l'eut reçue sans l'ordre de son
père, le prélèvement devrait se borner au pécule ou
au profit que le père en aurait retiré.

Nous devons rapprocher de l'hypothèse que nous
venons d'examiner l'espèce prévue par Ulpien dans la
loi 46 Dig. *fam. ercis.* Un fils de famille marié a été
institué sous condition héritier de son père qui avait
lui même reçu sa dot. S'il a divorcé avant la mort de
son père, il ne peut y avoir lieu après cette même
époque ni au prélèvement de la dot de sa part sur la
succession du chef de famille prédécédé, puisqu'il n'a
pas eu *d'onera matrimonii* a supporter depuis le
divorce, ni à l'exercice de l'action en restitution de la
dot de la part de la femme contre son mari car ce n'est
que comme héritier qu'il peut en être tenu dans
l'espèce, or sa qualité d'héritier étant en suspens
jusqu'à l'arrivée de la condition sous la quelle il a été
institué, elle ne peut provisoirement l'actionner comme
tel. Mais si le divorce a eu lieu depuis le décès du père,
comme alors le mari a dû dans l'intervalle supporter
les *onera matrimonii,* il pourra bien qu'héritier
conditionnel prélever *pendente conditione* sur la succession de son père, la dot destinée a acquitter les
onera. Mais s'il n'est héritier que pour partie il ne
pourra opérer le prélèvement qu'en donnant à ses

héritiers caution de les défendre contrel'action dotale
de la femme. Quant à elle elle ne pourra dans l'espèce
agir en répétition de sa dot contre son mari et pour sa
part héréditaire qu'après l'arrivée de la condition sous
laquelle il a été appelé à l'hérédité. Ce qui prouve que
l'exercice par le mari du droit de prélèvement est indépendant de l'exercice de l'action de la femme en
répétition de sa dot.

§ II

Du bénéfice de compétence.

Poursuivis par l'action *rei uxoriæ* en restitution
de la dot le mari ou son père jouissent, comme quelques autres personnes [1] d'un bénéfice appelé par les
interprètes du droit romain *bénéfice de compétence*,
qui les soustrait à la rigueur de la règle du droit commun d'après laquelle un débiteur poursuivi par son
créancier doit être condamné par le juge au paiement
intégral de ce qu'il doit, sans que le juge ait à se
livrer à l'examen de ses ressources personnelles pour
fixer le montant de la condamnation, qui pourra s'exécuter tant sur les biens présents que sur les biens à
venir. Par suite du bénéfice qui leur est accordé par
la loi le mari ou son père actionnés par l'action *rei
uxoriæ* en restitution de la loi ne pourront être condamnés que jusqu'a concurrence de leurs facultés
quatenus facere possunt, (Dig. l. 21, *de re judic,* l.

[1] Notamment l'ascendant poursuivi par son descendant, le patron
par son affranchi (Inst. § 38 de act.); l'associé poursuivi par l'action
Pro socio (l. 63 pr. D. *pro socio* le militaire pour les dettes par lui
contractées (l. 6 pr. et 18 D. de re jud.) le donateur actionné par le
donataire en exécution de la donation (l. 33 pr. D. de donationibus.)

14 § 2 et l, 16 *sol. matr.*) ils restoront néanmoins obligés civilement pour le surplus et pourront par consé-
puent être poursuivis de nouveau s'ils reviennent à
meilleure fortune, (l. 8 *cod. sol. matr.)* ce qui se justifie en observant qu'au moment de la condamnation
in quantùm facere potest le débiteur s'engageait formellement à payer quand il le pourrait le reste de sa dette et
fournissait dans ce but une *cautio* comme on le voit
dans plusieurs textes. (L. 63, § 4, Dig. *pro socio et
l'unic.* § 7, (au milieu du §.) Code de *rei ux. act.*).

Ce hénéfice est tout personnel au mari ou au beau-
père de la femme, défendeurs à l'*action rei uxoriæ.
Maritus in id quod facere potest condemnari, explora-
tum est, sed hoc heredi non esse præstandum*, nous dit
Ulpien (l. 12 *sol, matr.) cum persona extinguitur* dit
encore Paul (l. 13 *cod. t.*) ainsi le principe est que ce
bénéfice n'est point transmissible aux héritiers. Cependant on a admis une exception en faveur des enfants issus du mariage et devenus héritiers de leur père
tenu par l'action *rei uxoriæ* (l. 18 pr. *cod. tit.*).

Le juge de cette action doit ne prononcer contre le
mari ou le beau-père actionnés en restitution de la dot
qu'une condamnation *in quantum facere potest* sans
qu'il ait été nécessaire d'insérer une exception relative
au bénéfice de compétence dans la formule de l'*action
rei uxoriæ* aussi nous dit Paul (l. 17 § 2, *cod. tit.*) Si
le juge de cette action *ignorantia juris lapsus* a condamné le mari *in solidum* ce dernier pourra opposer
l'exception de dol à l'action *judicati* intentée contre
lui par la femme.

Mais comment déterminer le *quantum facere potest*

jusqu'à concurrence duquel seulement le mari ou le beau-père devront être condamnés ?

C'est une règle commune, à tous ceux qui jouissent du bénéfice de compétence (sauf le donateur) que ce *quantum* que la condamnation ne peut dépasser consiste en leurs biens actuels sans en déduire les dettes. Ainsi le mari, le beau-père ne pourront être condamnés que jusqu'à concurrence de l'actif brut qu'ils possèdent actuellement *rei judicatœ tempus spectatur...* (l 15 *cod. tit.*).

Il y a disons-nous une exception pour le donateur. Pour lui on doit déduire des biens actuels ce qu'il doit à d'autres qu'à des donataires plus une somme suffisante *ne egeat* pour qu'il ne se trouve point plongé dans la misère. Le donateur jouit donc de deux priviléges particuliers sur les autres personnes auxquelles appartient le bénéfice de compétence. Nous voyons par la loi 173 pr. Dig. *de reg. jur.* que les compilateurs des Pandectes ont généralisé au profit de toutes les personnes qui jouissent du bénéfice de compétence un des deux priviléges autrefois applicables au donateur seul, celui d'après lequel on doit pour déterminer le *quantum facere potest* déduire de ses biens *aliquid ne egeat*, mais en ne généralisant pas en même temps, et probablement par oubli, le second d'après lequel on doit déduire également du patrimoine du débiteur, ses autres dettes, ils ont laissé leur réforme très-incomplète. Qu'importe en effet au débiteur, comme l'a le premier remarqué M. Pellat, que l'on déduise de ses biens actuels *aliquid ne egeat* s'il a d'autres créanciers qui pourront aussitôt après venir s'emparer de ce débris de son patrimoine « ce qu'on lui laisse en apparence pour lui, on le laisse en réalité pour ses créanciers [1]. »

CHAPITRE III

Quelles sont les choses qui doivent être comprises dans la restitution dotale, et quelles sont les retenues autorisées sur la dot par la loi.

SECTION PREMIÈRE

QUELLES SONT LES CHOSES QUI DOIVENT ÊTRE COMPRISES DANS LA RESTITUTION DOTALE

A l'arrivée de l'évènement qui donne ouverture à l'action dotale, il importe, pour savoir ce que doit rendre le mari à la femme ou à celui à qui cette action compète, d'examiner la nature des choses par lui reçues à titre de dot. Il faut donc rechercher si lors de sa constitution la dot consistait en argent ou quantités ou en corps certains estimés ou non estimés.

§ I

Du cas où la dot consiste en quantités ou sommes d'argent.

Le mari a-t-il reçu en dot l'argent ou des choses considérées *in genere* comme celles qui sont destinées

---

[1] Op. cit. p. 147, comp. M. Demangeat Cours élém. de droit rom. t. 2, p. 607.

à se consommer par l'usage, *quæ numero pondere psndere mensurâ constant*, il est alors débiteur envers sa femme non pas des objets mêmes qu'il a reçus mais d'autres semblables de qualité et quantité égales. Peu importe donc que les choses mêmes qui lui ont été remises aient péri par cas fortuit sa dette n'est point éteinte elle subsistera tant qu'il subsistera des choses du même genre (l. 42 Dig de *jure dot.*). Si lors de la dissolution du mariage celles qu'il a reçues étaient dans le même état c'est-à-dire aussi bonnes à remplir leur destination habituelle que quand elles lui ont été données en dot ce qui peut se concevoir par exemple en supposant que le mariage a duré très-peux de temps il n'est pas douteux qu'il ne puisse se libérer en rendant identiquement les choses qu'il a reçues.

§ II

Du cas où la dot consiste en corps certains livrés au mari avec estimation

Le mari a-t-il reçu en dot un *corps certain* avec estimation, il est devenu en l'absence d'une convention contraire, débiteur envers sa femme non de la chose elle-même qui lui a été remise, mais du montant de cette estimation. Il est considéré comme l'ayant achetée. Peu importe donc que la chose se détériore ou périsse par cas fortuit pendant le mariage, après sa dissolution il n'en devra pas moins restituer le prix convenu et les intérêts depuis la demeure, (l. 10 pr. *cod. de jure dot.*) peu importe même que la chose ait été détériorée par l'usage que la femme en a fait, son obligation ne sera pas modifiée, (l. 51 D. sol. matr.) Il a donc intérêt à ce que les biens constitués en dot lui soient remis sans estimation afin de n'en point supporter les risques, surtout quand ce sont des biens dont la valeur est exposée à de fréquentes variations ou difficiles à conserver comme des animaux ou des vêtements à l'usage de sa femme ; ainsi a-t-elle usé ses vêtements constitués en dot avec estimation, le mari n'en devra pas moins lui payer à la dissolution du mariage ce qu'ils ont été primitivement estimés, (l. 10 pr. *dig. de jure dotium*,) mais remarquons que si les choses dotales ont été estimées avant le mariage, la vente qui en résulte est une vente conditionnelle et ne deviendra pure et simple que par la réalisation du mariage projeté. Donc si avant ce moment elles viennent à périr par cas fortuit, la femme en devra supporter la perte par application des principes qui régissent en général la vente conditionnelle, (l. 10 § 5 dig. *de jure* dot.) Si le mari supporte sans dédommagement comme nous l'avons vu la perte ou la détérioration des biens qui lui ont été remis au moment du mariage avec estimation, à l'inverse, si depuis cette époque ces biens ont augmenté de valeur, comme si le fonds s'est accru par alluvion, l'esclave dotale a eu des enfants, le mari actionné en restitution de la dot ne devra que le montant de l'estimation primitive et profitera de cette plus-value et de ces accroissements. Si l'objet apporté en dot par la femme a été par elle estimé au-dessous de sa valeur réelle dans l'intention de faire à son mari une véritable donation, l'estimation

sera sans effet comme tendant à déguiser une donation
entre époux prohibée par la loi ; dans ce cas le mari
devra lors de la dissolution du mariage restituer non
pas le montant de cette estimation, mais la chose elle-
même en nature, comme si elle n'avait point été estimée. On doit donner la même décision en cas où cette
estimation faite *donationis causâ* a eu lieu avant le
mariage, (l 12 dig. de *jure dotum*.) Mais si loin de
déguiser une libéralité entre époux, cette estimation
trop faible provient simplement d'une erreur de la
femme quel en sera l'effet par rapport au mari ? Certes
si la vente *dotis causa* résultant de l'estimation donnée au bien dotal avait été régie d'après les principes
de la vente ordinaire on aurait dit au temps des jurisconsultes et avant l'époque où le droit permit au
vendeur lésé de plus de moitié du juste prix de
demander la récision de son contrat, cette vente faite
au mari ne peut être rescindée pour lésion, sauf le cas
de violence ou de dol ; la femme qui dans l'espèce
s'est trompée sur la valeur de sa chose devra subir
toutes les conséquences ordinaires de l'estimation du
bien dotal et après le divorce le mari sera quitte envers elle en lui payant le prix primitivement convenu.
Mais ce n'est pas d'après ces principes du droit commun sur la vente qu'il faut résoudre notre question la
loi tient compte ici du caractère des deux parties contractantes, de leur qualité d'époux et le juge devant
lequel sera portée l'action *rei uxoriæ*, devra en
vertu du pouvoir que lui donne la formule même de
cette action de *bonne foi* examiner d'après ce que lui
suggérera la plus rigoureuse équité de combien le

femme a été lésée par l'estimation et condamnera le mari à une juste réparation (l. 12 § 1 dig. de *jure do-tum*. De son côté le mari pourra également obtenir du du juge de l'action *rei uxoriæ* la réparation de la lésion que lui aurait fait éprouver une estimation trop élevée. Aussi peu importe que ce soit lui ou sa femme qui ait été lésé. L'équité ne permet pas que l'un des époux s'enrichisse par ce moyen aux dépens de l'autre (l. 6 § 2 *Dig. de jure dotium*.) Si l'on appliquait les règles ordinaires du contrat de vente le mari évincé du bien dotal qu'il a reçu de sa femme avec estimation pourrait par l'action *ex empto* recourir contre elle pour se faire indemniser de tout le préjudice que lui cause l'éviction (*quanti ejus interest rem evictam non fuisse*,) mais ici encore on s'écarte des règles de la vente et le mari poursuivi par l'action dotale devra restituer à la femme non pas seulement le prix d'esti-mation, mais l'excédent de l'indemnité obtenue sur ce prix, et s'il a obtenu le double du prix stipulé en cas d'éviction, il devra le restituer à sa femme, « *suffi-cit enim* nous dit la loi 16 dig. *de jure dotium, mari-tum indemnem præstari non etiam lacrum sentire.*

Tel est l'effet ordinaire de l'estimation donnée au corps certain constitué en dot mais elle peut ne pas valoir vente et produire d'autres conséquences selon la convention des parties comme nous l'avons obser-vé. Ainsi elle peut avoir eu lieu simplement *taxationis causa*. Alors elle servira uniquement à fixer la som-me que le mari devra payer à sa femme si ce corps certain périt par sa faute en totalité et c'est d'après cette somme que sera proportionnellement déterminée

l'indemnité qu'il lui payera si par sa faute il vient à
périr partiellement où à se détériorer. Elle servira
encore à augmenter au profit de la femme la responsabilité du mari à l'égard de la conversation de ce bien
dotal, à mettre par conséquent à sa charge des événements dont il n'aurait pas répondu si la chose lui avait
été remise sans estimation il sera tenu de sa *culpa
levis in abstracto* : Ici donc l'estimation ne vaut pas
vente; le mari évincé ne pourra recourir contre sa femme
en garantie pour l'action *ex empto* ; et n'aura contre
elle aucune action si en se constituant ce bien en dot,
elle avait ignoré n'en être point propriétaire. Dans le
cas contraire il pourra seulement agir contre elle pour
se faire indemniser de l'éviction qu'elle aurait dû prévoir, non par l'action *de dolo* mais par une action
in factum qui devra ici la remplacer ; *ne famosa actio
adversus eam detur*, (l. 1. code *de jure dotium*.)
Enfin le mari ne gagnera pas les produits mais seulement le fruit de la chose dont l'estimation n'a eu lieu
que *taxationis causa.*

L'estimation peut avoir selon la convention des parties des effets plus rigoureux pour le mari. Aussi les
époux peuvent convenir que si la chose estimée
existe encore lors de la dissolution du mariage, le
mari devra la restituer en nature et que si elle a péri
même sans sa faute il payera le montant de l'estimation
primitive, (l. 18 dig. de *jure dotium*, l. 50 dig. sol.
matr.) ainsi il courra les risques mais en compensation il gagnera les accessoires ; si par exemple une
esclave dotale ainsi estimée a eu des enfants pendant
le mariage, ils resteront au mari.

L'estimation peut enfin avoir pour effet de constituer le mari débiteur sous l'alternative ou de la chose même reçue en dot ou du prix auquel elle a été estimée. Dans ce cas, c'est au débiteur, (au mari dans l'espèce,) sauf convention contraire;) qu'appartient le droit de choisir ce qu'il aura à payer. Lors de la dissolution du mariage, la chose périt elle par cas fortuit, sa dette se réduit uniquement au montant de l'estimation ; est-elle simplement détériorée sans sa faute, il sera libéré en la restituant en nature telle qu'elle est, (l. 10 § 6 et l. 11 dig. de *jure dotium.*)

§ III

Du cas où la dot consiste en corps certains non estimés

Lorsque le mari a reçu en dot sans estimation un corps certain, un objet déterminé dans son individualité, il est tenu de restituer en nature, lors de la dissolution du mariage, la chose (*rem ipsam*) qu'il a reçue, a-t-elle péri par cas fortuit pendant la durée de l'union des époux ou même après sa dissolution sans qu'il fut en demeure de la rendre, on lui fera l'application de la règle *debitor rei certæ interitu rei liberatur.* Il sera aussi libéré si la chose ayant péri pendant la demeure, il est prouvé qu'elle aurait également péri s'il l'avait plutôt remise entre les mains de sa femme, ou bien si en retard lui-même de la livrer, il avait, avant sa perte, mis sa femme en demeure de la recevoir (l. 7. sol. matr.)

Mais de quelle faute le mari est-il tenu ? Quelle est

la mesure de sa responsabilité à l'égard des biens dotaux ? Paul nous apprend dans la loi 17 D. *de jure dotium* qu'il doit apporter à la couservation des choses dotales *deligentiam* .. *quam in suis rebus exhibet* la même diligence que celle qu'il apporte à ses propres biens. Il n'est donc responsable de sa *culpa levis in concreto* selon l'expression consacrée dans la doctrine

oderne et on ne va pas jusqu'à exiger de lui le soin qu'un homme attentif, soigneux, considéré, *in abstracto* applique à ses propres affaires. On le traite à ce point de vue comme l'associé ; certainement il n'existe pas entre les époux une véritable société puisque la dot apportée au mari ne constitue pas un bien commun mais devient sa propriété, cependant il est vrai de dire que le patrimoine primitif du mari et la dot de la femme ont été remis dans un but commun, celui de supporter les charges du mariage, et cette communauté de but entre les époux établit entre la position du mari et celle d'un associé une analogie suffisante pour qu'on puisse les placer l'un et l'autre sur la même ligne au point de vue des fautes dont ils doivent être tenus, le premier, à l'égard des affaires de la société, le second, au point de vue de la conservation des choses dotales. La mesure de la responsabilité du mari est la même, que la dot consiste en biens corporels ou incorporels ; il n'est donc pas tenu de plus de diligence dans le recouvrement des créances dotales que dans celui des autres créances qui lui sont propres ; ici encore, bien qu'on ait soutenu alors le contraire, nous dirons que sa responsabilité doit se restreindre comme celle de l'associé, du copropriétaire, a la *diligentia quâm suis rebus adhibere solet*[1]

Lorque le bien dotal mobilier ou immobilier, corporel ou incorporel vient a périr en totalité ou en partie sans que sa perte puisse être imputée au mari. La femme ne peut plus répéter contre lui que ce qui reste de la chose ou des accessoires. La dot consisterait-elle par exemple en une esclave qui est morte après avoir eu des enfants ils seront seuls compris dans l'action dotale, ou bien en une créance cédée au mari et dont il n'a pu sans qu'il y ait eu faute de sa part obtenir le remboursement et sera libéré en restituant à la femme l'action contre le débiteur quelle que soit sa solvabilité, (Dig. l. 49 *sol. matr.*) De même au cas de *de legatio in dotem* d'un débiteur de la femme au mari, ce dernier ne répond pas de l'insolvabilité du délégué à moins qu'il ne soit en faute pour n'avoir point en temps utile poursuivi ce débiteur, ou à moins qu'il n'ait pris à sa charge les risques de l'insolvabilité du délégué, en acceptant, par exemple, la délégation, bien qu'il connût l'état d'insolvabilité du débiteur, (l. 41 § 3 Dig. *de jure dot.*) ou en lui faisant crédit en exigeant de lui des intérêts, car alors il a tenu la créance pour bonne *nomen secutus est* (l. 71 *eod tit*)

Supposons qu'un tiers ait promis au mari une dot pour la femme dans l'intention de faire à celle-ci une pure libéralité et que le mari ne l'ait pas rigoureusement poursuivi pendant qu'il était encore en état de payer. Il sera libéré envers sa femme en lui cédant lors de la dissolution du mariage son action contre ce

[1] M. Pellat op. cit. p. 233.

donateur. Le mari est excusable en effet de n'avoir
point traité le bienfaiteur de sa femme comme un débiteur ordinaire. (l. 33 *de jure dot*) La promesse de
dot a-t-elle été faite par la femme ou par son père le
mari sera libéré en leur faisant après la dissolution du
mariage remise de leur obligation. Il serait étrange
comme le dit Ulpien (*eod lege*) de voir la femme se
plaindre de ce que son mari ne l'ait point contrainte
elle-même ou son père, à exécuter sa promesse.
Examinons maintenant ce que le mari aura a restituer
lors de la dissolution du mariage lorsque un usufruit
a été constitué en dot. Il importe de distinguer plusieurs
hypothèses.

1° La femme usufruitière d'un fonds dont le mari est
nu propriétaire lui constitue en dot cet usufruit en
lui en faisant une *cessio in jure* il acquiert cet usufruit
non pas comme droit particulier comme servitude
distincte mais comme un élément de sa propriété qui
devient ainsi pleine et entière. Il ne pourra donc
perdre ce droit par le non-usage. Le mariage est il
dissous par la mort de la femme, le mari gagne la
dot ; mais remarquez bien que ce n'est pas en vertu
du principe d'après lequel le mari survivant gagne la
dot qu'il conservera dans l'espèce l'usufruit ; il l'a
acquis comme tout nu-propriétaire d'après le droit
commun par consolidation. De là, cette conséquence, que s'il n'a pas d'ailleurs reçu d'autres biens
en dot il ne sera pas tenu de contribuer aux frais des
funérailles de sa femme, l'*actio funeraria* n'étant
donnée que *in eum adquem dotis nomine, aliquid pervenerit* contre celui qui a touché quelque chose à titre

de dot ; contre le mari par exemple qui gagne la dot ou le père à qui elle fait retour comme profectice par le prédécès de la femme (l. 2 Dig de *relig. et sumptibus*, . 1. Dig. *de jure dot.*.). Le mariage est-il dissous par le divorce ou par le prédécès du mari lui ou ses héritiers ne pourront pas restituer à la femme l'usufruit lui-même constitué en dot car il s'est éteint par l'*in jure cessio* qu'elle en avait faite à son mari ; ils ne courront donc à un expédient et pour se libérer envers ils lui constitueront de nouveau par une *in jure cessio* un droit d'usufruit sur le même fonds.

De même si l'ascendant paternel de la femme, usufruitier d'un fonds dont son gendre était nu-propriétaire lui a donné en dot pour sa fille cet usufruit et que celle-ci meure *in matrimonio* il pourra exiger du mari survivant qu'il lui constitue un nouvel usufruit sur ce fonds comme dans l'hypothèse précédente. (L. 78 § *de jure dotium*).

2° Propriétaire d'un fonds la femme en constitue en dot l'usufruit à son mari par une *in jure cessio*. Il acquiert alors un véritable droit d'usufruit susceptible de se perdre par deux ans de non-usage. 1° S'il l'a en effet perdu de cette manière pendant que la femme, avait encore la nue propriété des fonds, ayant recouvré par consolidation le même droit qu'elle avait constitué en dot à son mari elle ne pourra lors de la dissolution du mariage rien lui réclamer par l'action *rei uxoriæ*. Mais si au moment de la perte de cet usufruit par le non usage, elle se trouvait avoir aliéné le fonds c'est l'acquéreur de la nue-propriété qui aura seul profité de cette perte et la femme pourrait par l'*action rei uxoriæ* se faire indemniser par son mari du préjudice que lui cause la perte de son usufruit arrivée par sa négligence ; 2° Si enfin l'usufruit s'est conservé dans les mains du mari, la femme après le divorce pourra le forcer à lui restituer ce droit d'usufruit par une *cessio in jure*, si elle est à ce moment encore propriétaire du fonds sur lequel il était établi ; sinon, elle pourra exiger de lui par l'*action rei uxoriæ* qu'il le cède *in jure* soit à l'acquéreur de la nue-propriété, soit à elle-même dans le système de ceux qui admettent comme Poponnius (l. 66 Dig. de *jure dot.* contrà Gaïus l. 15 Dig. *fam. erc.*). que la *cessio in jure* faite par l'usufruitier à un autre que le nu-propriétaire éteint l'usufruit au profit de ce dernier. Si le mariage a été dissous non par le divorce mais par le décès du mari, l'usufruit est éteint, la femme ne pourra demander que la restitution d'une portion des fruits (perçus ou non perçus) proportionnelle au temps qu'a duré le mariage pendant la dernière année comme dans tous les cas où le mari, *soluto matrimonio*, ne gardera pas l'usufruit. (l. 78 § 2 de *jure dot.*).

III. La femme usufruitière d'un fonds qui appartient à un autre qu'au mari se constitue en dot cet usufruit et pour cela ne pouvant le transmettre à son mari par une *in jure cessio* elle recourt à un expédient, lui vend l'exercice de son droit ou le lui loue pour un prix insignifiant, *uno nummo*; ou encore lui en garantit par une caution la jouissance. Comment s'opérera la restitution de cet usufruit lors de la dissolution du mariage par le divorce? la femme pourra par

5

l'*action rei uxoriæ* obliger son mari soit à lui revendre pour un prix insignifiant cet usufruit, soit à lui rendre la jouissance et décharger en même temps la caution.

Si un tiers avait constitué en dot un droit d'usufruit sur la tête de la femme, la restitution s'opérerait de la même manière.

IV. Supposons enfin qu'un tiers voulant doter la femme ait constitué en dot sur son propre fonds un usufruit au mari qui devient ainsi véritablement usufruitier. Le divorce a lieu ; que pourra exiger la femme de son mari par l'action *rei uxoriæ* ? qu'il lui retransfère par une cession juridique ce même droit? Mais cette cession serait sans effet à l'égard de la femme ! L'usufruitier ne peut en effet céder *in jure* son droit d'usufruit qu'au nu-propriétaire. Elle pourra donc seulement le faire recourir à un des expédients suivants : Il lui vendra ou lui louera pour un prix insignifiant *uno nummo* l'exercice de son droit d'usufruit, ou bien lui donnera caution de la laisser jouir de ce droit, elle et ses héritiers, tant qu'il vivra, ou bien encore fera au nu-propriétaire une cession juridique de son usufruit à condition qu'il le cédera ensuite lui-même *in jure* à la femme ou lui remettra à la place, d'autres biens de même valeur. (57 Dig. *sol. matr.*),

En restituant la dot, le mari doit donner caution de n'avoir rien fait qui ait pu détériorer la dot ou en amoindrir la valeur par son dol ou par sa faute. (L. 25 § 1, *sol. matr*).

§ IV

De la restitution des accroissements des produits des choses constituées en dot sans estimation et de ce qu'a acquis le mari à leur occasion.

En dehors de l'objet même de la dot apportée au mari sans estimation valant vente, la femme pourra encore, lors de la dissolution du mariage, réclamer par l'action dotale tous les accroissements survenus à cette dot, ses produits (nous ne parlons point pour le moment de la part des fruits qui pourra aussi lui être due) ne rentrant pas dans la classe des fruits proprement dits, et généralement tout ce qu'a acquis le mari à l'occasion de cette dot sans qu'il y ait à distinguer si l'acquisition s'est réalisée ou non pendant le mariage. Ainsi le fonds dotal s'est-il accru par alluvion, l'usufruit s'est-il réuni à la nue-propriété constituée en dot, l'esclave dotal a-t-il reçu avant, pendant ou après le mariage un legs[1], ou a-t-il été institué héritier (sauf le cas où le testateur aurait déclaré le faire héritier ou légataire *contemplatione mariti*) ; les esclaves dotales ont elle eus des enfants, la femme pourra répéter par l'action *rei uxoriæ* tous ces accessoires ou accroissements de la chose dotale, (Dig. l. 4, l. 10 §§ 1 et 2, l. 47, l. 65, l. 69 § 9 *de jure dot.*, l. 31, § 4, *solut. matr.* l. 3 *de fundo dotali*, l. 45 § 1 *de acq. vel omitt.*). De même un tiers trouve-t-il un trésor pendant le mariage sur le fonds dotal, le mari

---

[1] Seraient au contraire considérés comme fruits et, comme tels, resteraient au mari les acquisitions provenant pendant le mariage *ex operis* de l'esclave dotal. Mais l'on n'a pu voir une *opera servilis* dans le fait de l'adition de l'hérédité par cet esclave.

devra après le divorce la moitié qu'il en a touchée
comme propriétaire du fonds, c'est là une acquisition
faite à l'occasion de la chose dotale. Mais bien entendu si c'était le mari lui-même qui l'eût découvert, il
en garderait définitivement la moitié et ne serait tenu
de restituer à la femme poursuivie par l'action *rei
uxoriæ*, que l'autre moitié à laquelle il n'aurait pas
eu droit comme inventeur (l. 7 § 12 *in fine*, Dig. *sol.
matr.*). Dans cette loi Ulpien mentionne comme
sujettes à restitution d'autres valeurs que le mari aurait retirées du fonds dotal. Ainsi a-t-il abattu pendant le mariage des arbres qui n'étaient ni *cœduæ* ni
eremiales (ou *gremiales* d'après les Basiliques) comme par
exemple des futaies, il devra en rendre compte à la femme dans l'action dotale, comme ayant dégradé le fonds
quasi deteriorem fundum ficerit : Il devra également
compte des arbres arrachés par le vent qu'il se serait
appropriés. Mais quant aux produits qu'il aurait reti-
rés pendant le mariage d'une carrière soit déjà ouverte
sur le fonds au moment où il lui a été constitué en dot,
soit mise par lui depuis cette époque en exploitation,
ils ne seront pas sujets à restitution ; les jurisconsultes
romains n'ont pas vu là des portions de la chose dotale à la différence des arbres abattus par le mari dont
nous venons de parler. (L. 18 Dig. *de fund. dotali.*)
Ainsi dans tous les cas les blocs de marbre, de pierre,
etc. extraits de la carrière appartiendront au mari et
il ne pourra se faire indemniser par la femme des
frais [1] par lui faits pour la mettre en exploitation

[1] Suivant Labeon toutefois cette indemnité ne serait pas due au
mari (l. 7 § 13, *au milieu, cod. tit.*)

qu'autant qu'elle par son ouverture sur le fonds dotal il
aura créé pour la femme une source durable de revenus
ce qui n'aurait pas lieu, si lors de la dissolution du
mariage la carrière était épuisée. (L. 7 § 13, Dig. sol.
mat.). Dans ce cas c'est au contraire à la femme qu'appartiendrait le droit de demander par l'action *rei uxoriæ*
une indemnité à son mari en raison de la diminution
de valeur ou des dégradations que le fonds dotal
aurait subies par suite de la mise en exploitation de
cette carrière.

§ V.
De la restitution des fruits des choses données en dot sans estimation.

Les fruits de la dot sont légalement destinés à aider
les époux à supporter les charges du mariage: donc
ceux que le mari a perçus pendant que ces charges
subsistent, c'est-à-dire pendant la durée du mariage,
lui appartiennent, qu'il s'agisse de fruits naturels
comme les moissons, le vin, le croît des troupeaux
(à charge de remplacer les bêtes mortes) les coupes
de bois taillés, le menu bois provenant de l'émondage
de certains arbres (cremiales) etc. ou de fruits civils
comme le prix des bois du fonds dotal, les revenus
d'une créance constituée en dot [1] mais remarquons
bien que quelle que soit la nature de ces fruits, il les
acquiert tous comme fruits civils, c'est-à-dire jour
par jour, mais depuis quelle époque les acquiert-
il et à quel moment cesseront-ils de lui appar-

[1] A moins que les parties n'aient convenu que les intérêts eux-
mêmes seraient dotaux auquel cas le mari ne pourrait garder que
les intérêts de ces intérêts capitalisés et sujets à restitution comme
la créance dotale elle-même. (l. 69 § 1 *de jur. dot.*

tenir? c'est là deux points que nous devons préciser.

Dirons-nous que ces fruits appartiennent au mari à dater du jour du mariage ou du jour où le bien qui les a produits a été constitué en dot? non, mais à compter de celui où le bien immobilier ou mobilier d'où ils proviennent est devenu dotal. Deux conditions sont exigées pour que ce bien soit considéré comme tel: [1] que le mari en ait été mis en possession (*tradita possessione*, l. 5, Dig. *sol. matr.*) et que le mariage ait eu lieu. Donc si lors du mariage un fonds était constitué au mari en dot par une *dictio* ou une *promissio* et si la tradition ne lui en était faite que postérieurement, deux mois après, par exemple, ce ne serait qu'à dater de cette mise en possession qu'il gagnerait les fruits. Poursuivi par l'action dotale le mariage une fois dissous il ne pourrait retenir la portion de ces fruits correspondant à l'époque comprise entre la constitution de dot et la tradition du fonds, (l. 5 Dig. *sol matr*). Il est vrai que si la femme n'a apporté en dot que ce fonds, le mari aura dans l'intervalle dont nous venons de parler supporté avec ses seules ressources les *onera matrimonii* mais, l'on peut dire pour justifier la rigueur de cette solution qu'en n'exigeant pas lors du mariage que le fonds lui fût immédiatement livré, il s'est tacitement obligé à soutenir avec ses propres ressources jusqu'à la tradition, les charges de la vie con-

[1] Comme le fait remarquer M. Demangeat. (De la condit. du fonds dotal en dr. romain p. 310 *en note.*) Il ne faut pas donner une portée trop absolue à ce passage d'Ulpien (l. 5. *sol. matr.*) où il dit que le fonds constitué en dot devient dotal *tradita possessione* seulement, la loi 16 *de fundo dotali* démontre qu'un fonds peut très-bien revêtir le caractère de la dotalité et devenir ainsi inaliénable bien que la tradition n'en ait point été encore faite au mari.

jugale. Mais si cette tradition du fonds a été faite au futur mari avant le mariage, comme il ne peut y avoir dot *sine matrimonio* (l. 3 D. de *jure dotium*) les fruits que le fonds a produits depuis le moment où il a été livré au mari jusqu'au mariage, ne lui appartiendront point, ils seront considérés comme un capital dotal et seront restitués comme tels à l'arrivée de l'événement qui donnera ouverture à l'action dotale. Le mari dans l'espèce ne gagnera donc les fruits qu'à dater du mariage. (L. 6. D. *sol. matr.*)

De même que le mari est tenu de restituer les fruits produits par le fonds avant qu'il ne fût devenu dotal par la tradition qui lui en aurait été faite *post nuptias*, de même il doit restituer les fruits produits depuis la dissolution de l'union conjugale. Il ne peut retenir des fruits perçus dans la dernière année du mariage qu'une part proportionnelle au temps que le mariage a duré pendant cette dernière année dont le point de départ sera l'anniversaire soit du jour du mariage si le fonds d'où ils proviennent a été livré au mari avant ou au moment des justes noces soit du jour où le fond lui a été livré, si la tradition ne lui en a été faite que quelque temps après le mariage. (L. 6 Dig *sol matr*). Ainsi supposons que le mariage et la tradition du fonds constitué en dot aient eu lieu le 1er juillet et que le mariage ait duré depuis cinq ans et quatre mois et ait été par conséquent dissous le 1er novembre, le mari n'aura point à restituer à sa femme qui intente contre lui l'action dotale, les cinq récoltes perçues pendant ces cinq années, mais quant à la sixième récolte qu'il aurait faite pen-

dant les 4 derniers mois du mariage, il ne pourra en
retenir que le tiers. Ce que nous venons de dire
par rapport aux fruits d'un fonds dotal est également
applicable aux fruits de toute autre chose donnée en
dot. (l. 7 § 9 § 10 § 11 Dig. *eod. tit.*)

Mais il est des fruits qui ne se reproduisent pas une fois
tous les ans soit qu'ils ne se perçoivent qu'à certaines
époques périodiques plus éloignées, tous les cinq ans,
par exemple comme des bois taillis, etc. le mariage
n'a-t-il duré qu'un an depuis que le fonds qui les a
produits a été donné endot au mari et la coupe de bois
a-t-elle été faite cette même année, il n'en pourra retenir
que le cinquième, le mariage n'a-t-il duré que 6 mois
il ne pourra en retenir que la dixième partie. On
opère donc, pour savoir ce qui doit rester au mari des
fruits de la dernière année, sur la période d'une re-
production naturelle des fruits qui ne cadre pas toujours, comme on le voit, avec la durée de l'année
civile; ainsi il peut encore arriver, comme le suppose
Ulpien (l. 7 § 6), que le fonds donné en dot produise
deux récoltes par an *ut est in locis irriguis* Ces deux
récoltes ne représentent alors qu'une seule année, le
mari en retiendra une part proportionnelle à la durée
du mariage pendant la dernière année.

Mais que faudra-t-il décider si au commencement
de la dernière année le mari recueille les fruits, la
vendange par exemple, du fonds qui lui a été donné
en dot, puis l'afferme avant la dissolution de l'union
conjugale, quelle part devra-t-on lui attribuer dans
le prix du bail et dans les fruits de la vigne? Ulpien
dans la loi 7 § 1 *sol. matr.* prévoit cette hypothèse et

nous donne sur ce point la solution de Papinien. Mais par malheur le sens de ce § est fort obscur et parmi les explications des jurisconsultes anciens et modernes, il n'en est pas une qui soit à l'abri de graves objections. Sans examiner ici tous les systèmes qui ont été proposés sur ce point et qui fourniraient matière à plusieurs volumes, nous rapprocherons de l'explication qui nous paraît devoir être suivie deux autres explications qui serviront à mieux faire ressortir encore la vérité du système que nous adoptons.

Rappelons d'abord les faits supposés dans le § 1 de la loi 7. Une femme a livré à son mari à titre de dot une vigne prête à être vendangée, le premier octobre époque du mariage; son mari a immédiatement fait recueillir les fruits de la vigne et affermé le fonds le premier novembre, le mariage a été dissous par le divorce trois mois après, c'est-à-dire le premier février; il s'agit de savoir quelle part soit de fruits de la vigne soit du prix du bail pourra retenir le mari lors de la dissolution du mariage. A cette question le jurisconsulte romain répond en ces termes *vindemiæ fructus et quarta portio mercedis instantis anni confundi debebunt, ut ex ea pecunia tertia portio viro relinquatur.*

Cujas [1] entend ce passage de Papinien en ce sens que la valeur totale de la vendange doit être additionnée avec le quart du prix du bail et le tiers de cette somme unique, attribué au mari à raison de la durée

[1] Cujas, Oper. *édit.* Paris t. I. p. 120 *Pauli sentent,* l. II tit. 22, Voy. aussi *Obs.* lib. 14 et 23, *et quæst. Pap.* lib. II.

du mariage pendant 4 mois. Ainsi que l'on suppose
la valeur de la vendange représentée par 24, le prix
du bail par 12, il reviendra 9 au mari. Mais ce système est évidemment inadmissible car d'après ce calcul le mari recevrait pour soutenir les charges de
l'année courante à proportion du temps que le mariage a duré pendant cette dernière année, le tiers des
revenus correspondants à 15 mois, tandis que d'après
les principes généraux qui régissent la restitution des
fruits de la dot il ne peut être question de lui laisser
le tiers du revenu de 15 mois, mais seulement de 12
mois, la vendange en effet n'ayant été légalement destinée à faire face aux charges matrimoniales que pendant un mois, n'est-il pas injuste d'en attribuer non
pas le 12me mais le 1/3 au mari?

Suivant Alciat [1] le jurisconsulte romain a voulu
que le bail fût pris pour unique base de la liquidation
des droits des époux sur les fruits de la dernière année. D'après lui pour apportionner le mari à raison
des quatre mois qu'a duré le mariage, on lui donnera: 1° le quart du prix du bail, (la vigne étant affer-
mée depuis trois mois); 2° un douzième de ce même
prix comme équivalent de ce qui lui est dû sur la vendange. Donc le prix du bail étant par exemple repré-
senté par 12 celui de la vendange par 24, le droit du
mari se réduira au tiers du prix du fermage 4. C'est
donc uniquement d'après le montant du prix du bail
que seront dans ce système évalués les droits du mari.
Mais pourquoi donc lui attribuer ainsi une portion du

---

[1] Andreœ Alciati oper. t. IV *paradoxorum* l. 3 ch. 1 p. 55.

prix de ferme calculée d'après la durée du mariage et
non d'après la durée du bail, au lieu de lui donner et
une part en nature de la vendange et une part des fer-
mages proportionnés au temps pendant lequel chacune de ces espèces de fruits a été destinée à soutenir
les charges du mariage ? Les partisans du système
d'Alciat répondent à cette objection que si la décision
du jurisconsulte romain peut paraître un peu arbitraire elle se justifie au moins par sa simplicité, elle
est d'une application facile, évite les lenteurs de
l'estimation quelquefois difficile qu'on serait autrement obligé de faire de la récolte en nature. D'ailleurs, dit-on, c'est le mari qui en affermant le fonds a
lui-même fixé le montant de ses revenus, le bail est
son œuvre, comment donc se plaindrait-il qu'on le
prenne pour règle de compte. Pour accorder cette
interprétation avec le texte de la loi on dit que les
mots *ut ex ea pecunia* se rapportent non pas à la
somme formée de la vendange et du quart du fermage,
mais aux mots qui précèdent *mercedis instantis anni*
et sont par conséquent synonymes de *ut ex eâ mercede*.
Il faut enfin remarquer avec Alciat que *« non simpliciter
fructus confundi Papinianus scribat, sed ita confundi
ut tertia portio mercedis instantis anni viro relinquatur.*

Ce système est préférable à celui de Cujas en ce
que on ne donne au mari que le tiers d'une somme de
revenus correspondant non pas à 15 mois de mariage
mais à douze mois seulement. Mais il nous semble
que c'est bien arbitrairement que pour remplir le
mari de ces droits on n'opère que sur une seule nature de revenus et que l'on fait pour cela furtivement

rétroagir le bail jusqu'au jour du mariage sans tenir aucun compte de la valeur de la vendange. Si cependant elle a été très abondante et le prix du bail très peu élevé, ne serait-il par juste que le mari eût sa part dans le fruit naturel de la vigne comme dans le fermage, et se trouvât ainsi associé aux chances de gain ou de perte résultant des changements du mode de perception des fruits. Le bail est son œuvre, dit-on, qu'il se contente donc d'une quote-part des loyers puisqu'il a lui-même ainsi fixé le revenu du fonds! oui pour l'avenir, mais pourquoi induire de là sa renonciation à profiter de la plus value de la vendange sur le prix de ferme en prenant une quote-part de ces deux sortes de revenus. D'ailleurs, il n'est pas toujours libre de cultiver le fonds lui-même ou de l'affermer, une maladie, la mort d'un de ceux qui le cultivaient avec lui, etc. ont pu le contraindre à le donner à bail. — Ces objections nous paraissent trop sérieuses pour adopter cette interprétation, les expressions que l'on rencontre dans le § 1 de la loi 7 (*in fine*) ne la commandent point et au point de vue grammatical elle peut encore être justement critiquée.

Lorsque l'on rencontre à propos de cette célèbre question soulevée par le § 1 de la loi 7 *sol. matr.* les noms de nos plus célèbres jurisconsultes tant anciens que modernes, dans des camps opposés, on comprend notre hésitation à adopter de préférence telle ou telle interprétation; nous croyons cependant qu'il faut se ranger à l'opinion de Duarenne [1] et de Doneau [2] suivie

[1] L. 1 cap. 60 *disp. univers* et *Comm. sur le Dig* in tit. solut. matr. l 7
[2] Hugonis Donelli op. t. 3 liv. XIV. cap VII. XVII.

par d'autres auteurs, comme la plus conforme à l'é-
quité aux principes généraux du droit et aussi au texte
de la loi sainement entendue. Voici en résumé l'exposition du système de ces jurisconsultes. La valeur
de la vendange étant représentée par 24, le prix du
bail par 12, il est dû au mari le quart du prix du bail,
c'est-à-dire 3, plus un douzième de la vendange
c'est-à-dire 2, total 5. En effet, dit Doneau Papinien,
parce, que l'année dotale — dans l'espèce du § 1, —
court depuis le 1er octobre jour du mariage et de
la tradition au mari du fonds qui a produit la vendange.
Or le mariage ayant duré 4 mois, le mari a droit au
tiers des fruits de toute l'année. Cette *tertia portio
fructuum* doit se prendre tant sur les fruits naturels
des fonds, c'est-à-dire la vendange, que sur les
échéances du prix du bail considérées comme fruits
civils car ces deux genres de fruits ayant été produits
par le fonds pendant les 4 mois qu'a duré le mariage,
il n'y a pas de raison pour prélever au profit du mari
cette *tertia portio* plutôt sur telle espèce de fruits que
sur telle autre *quia cum uterque fructus in istud tempus quatuor mensium incurrerit non debet ea tota portio potius sumi ex uno genere fructuum quam ex altero.*
Donc d'une part le mariage ayant duré trois mois depuis le bail on devra d'abord comprendre dans le
compte de ce qui est dû au mari le quart du fermage
correspondant au quart de l'année totale, d'un autre
côté on devra y ajouter un douzième de la vendange,
portion correspondante au temps qu'elle a été destinée à aider à supporter les charges matrimoniales,
c'est-à-dire une année. Dans ces systèmes on ne s'at-

tâche point comme Cujas et les partisans de son opinion, à la lettre du texte de Papinien, comme nous
l'avons vu, par ces mots *vindemiæ fructus* (§ 1 *in fine.*
Cujas entend la totalité de la vendange, c'est une erreur, observe l'annotateur de Doneau, Hilliger[1] *nam
cum Papinianus non addat integros fructus confundi
debere, intelligere facile possis fructus scilicet illius
temporis quo matrim onium stetit.* Papinien veut donc
seulement parler du douzième des fruits de la vigne,
et quand il dit que cette partie de la vendange et le
quart du prix du bail *confundi debebunt, ut ex ea pecunia, tertia portio viro relinquatur* cela signifie, non
pas que ces deux portions de revenus différents devront être additionnées et que de cette somme l'on
donnera le tiers au mari, mais qu'avec ces deux éléments combinés (1/4 du prix du bail et 1/12 de la
vendange on formera la *tertia portio fructuum novissi-
mi anni* , due au mari. Si le jurisconsulte avait voulu
qu'on additionnât 1/4 du prix du bail avec 1/12 de la
vendange, et qu'on donnait ensuite au mari le tiers de
la somme totale , il n'aurait pas dit *ut ex ea pecunia,*
etc. mais *ut ejus pecuniæ tertia partio viro relinquatur*[2]. Tel est donc le système qui nous paraît devoir

[1] Hilliger note sur le passage de Doneau *supr. cit.* p. 1090 t, 3.
[2] Cette traduction est adoptée par Proud'hon (Tr. des dr. d'usuf.
t. v p. 551) qui rejette cependant le système de Duarenne et de
Doneau et explique le texte en supposant arbitrairement que le
bail en question porte sur la vendange même recueillie par le mari
et par lui remise à son fermier «soit par forme d'avance et pour
l'aider dans l'entrée en jouissance, soit pour donner lieu tout de
suite aux échéances journalières du fermage au profit du mari lui-
même.» C'est là une supposition gratuite et que n'autorisent ni le
texte ni les principes.

être suivi. S'il n'est pas à l'abri de toute critique il est du moins plus équitable que les deux systèmes précédents.

SECTION II.

Des retenues sur la dot autorisées par la loi.

La dot ne doit point toujours être restituée par le mari dans son intégralité. Il peut poursuivi par l'action *rei uxoriæ* en retenir dans quelque cas une partie, nous lisons en effet dans le texte suivant d'Ulpien. (Ulp. *fragmenta* t. VI § 9.) *retentiones ex dote fiunt aut propter liberos, aut propter mores, aut propter impensas, aut propter res donatas, aut propter res amotas,* examinons successivement ces diverses causes de retenues.

A. *Propter liberos.* Lorsque le divorce a eu lieu *par la faute* de la femme ou du père à la puissance duquel elle était soumise, le mari poursuivi par l'action dotale peut retenir 1/6 de la dot pour chaque enfant sans que cette retenue puisse toutefois dépasser 3/6 quelque soit le nombre. (Ulp. fragm. t. VI § 10). Pour que le divorce soit considéré comme étant arrivé par la faute de la femme, il n'est pas nécessaire que ce soit elle qui l'ait demandé il suffira que par sa conduite elle ait obligé le mari à lui envoyer la répudiation. (*Vatic fr.* § 121. Dans le cas où elle l'aurait elle même demandé la rupture du mariage ne pourra lui être reprochée que si elle l'a fait sans motif suffisant.

Le divorce a eu lieu sans la faute de l'un ou de l'autre époux ou bien par la faute du mari, il n'y a lieu a aucune retention *propter liberos.* Mais on pouvait convenir que la retention *propter liberos* aurait lieu quelle que fût la cause du divorce. (*Vaticana.* fr. § 106.) Ou bien même élever le montant de la retenue à faire pour un nombre d'enfants déterminé jusqu'à autoriser la retenue de toute la dot pour un seul enfant.

B. *Propter mores.* Les mauvaises mœurs de la femme donnent encore lieu au profit du mari à une retenue sur la dot, s'agit-il de *graviores* ou *majores mores* expression qui ne comprennent que l'adultère (§ 12 Cod. Ulp. fr) la retention sera du sixième de la dot, s'agit-il de *leviores mores,* c'est-à-dire de toute autre faute de conduite que l'adultère, la retention sera du huitième.

Les mauvaises mœurs du mari sont aussi punies mais d'une autre manière. Cette punition consiste dans l'hypothèse d'une dot restituable par tiers en trois ans, à l'obliger à la rendre sur le champ *propter graviores mores,* et par tiers de six mois en six mois, *propter minores.* Dans l'hypothèse d'une dot restituable sur-le-champ, il devra pour ses fautes graves rendre avec les objets qui la composent les fruits de deux années ou autrement dit une portion de fruits correspondante au temps dont la restitution est en pareil cas avancée pour la dot qui doit être rendue en trois termes, s'agit-il d'écarts légers il devra une portion des fruits de la dot correspondante à une année. (Ulp. fr. vi § 13). Les époux peuvent, *propter mores,* agir par voie de retention comme nous venons de le voir, ou bien par une action *ad hoc, actio de moribus.*

judicium morum. Ce dernier moyen sera surtout avantageux et il devra être employé contre l'époux coupable, quand la dot lui a été restituée sans tenir compte de la faute par lui commise. Cette action *de moribus* est personnelle à l'époux outragé. Elle ne passe point à ses héritiers, ni ne se donne point contre les héritiers de l'époux coupable. *(Code Theodos.* l. 1 de *dotib.* 3. 13).

Dans plusieurs cas la retention *propter mores* ne peut être opérée par le mari, ni l'action *de moribus* par lui intentée ; comme s'il a lui-même favorisé la débauche de sa femme : (l. 47 *D. sol matr.*) ; ou s'il y a réciprocité de torts motivant une accusation de la part de chaque époux (l. 39. *eod. t.*) Il sera reputé avoir fait à sa femme remise de la peine s'il s'est de nouveau fiancé avec elle après le divorce (l. 38. *eod. tit.*). Il y a làun pardon tacite de sa faute.

C. *Propter impensas.* Le mari peut encore exercer une retention à raison des dépenses par lui faites pour les biens totaux qu'il est tenu de restituer. Il faut à cet égard distinguer trois genres de dépenses : 1° Les dépenses nécessaires, 2° les dépenses utiles, 3° les dépenses voluptuaires.

Les dépenses *nécessaires* sont celles qui ont été faites dans le but de conserver la chose dotale, celles dont l'omission aurait amené la détoriation de la dot. (Ulp. fr. § 15.)

Quant à cette sorte de dépenses, les textes disent qu'elles diminuent la dot *ipso jure* (l. 5. *pr. D. de imp. in res dot.* f. — l.56 § 3 *D. de jure dot.*, etc.) ; mais ils nous montrent aussi que ces expressions ne doivent

6.

pas s'entendre dans un sens absolu. Dans la doctrine généralement adoptée par les jurisconsultes, au moins par Pomponius, Paul, Ulpien, (*l. 5 pr. Dig. de impens. in. r. d.*) *l. 4 § 5 de pecul. l. 56 § 3 de jure dot.* l'on doit faire les distinctions suivantes. La dot reçue par le mari se compose-t-elle exclusivement de corps certains, un fonds non estimé par exemple ? a-t-il fait sur ce fonds une dépense nécessaire ? la règle *ipso jure dotem (necessariis), impensis minui* ne s'appliquera point à cette hypothèse ; le mari pourra seulement jusqu'au remboursement de cette dépense retenir comme gage le fond dotal. Si toutefois il le restitue sans attendre son paiement il pourra, dans l'opinion générale, en poursuivre après coup le remboursement par la *condictio indebiti.* (l. 5 § 2 de *imp. in res dot.*)La dot comprend-t-elle et un corps certain non estimé et une somme d'argent ? la dépense nécessaire faite sur le corps certain, un fonds par exemple, diminuera de plein droit seulement la somme d'argent apportée en dot; il ne restituera cette somme que déduction faite du montant de la dépense. Le *corpus dotale* sera rendu intégralement.

Les dépenses d'entretien des choses dotales quoique nécessaires à leur conservation resteront toujours, bien entendu, à la charge du mari seul; il doit les prendre sur les fruits (Dig l. 15 *de impensis* etc.)

Les dépenses *utiles* sont celles qui n'ont point été destinées à conserver la chose dotale, mais qui ont seulement servi à l'améliorer. Elles en ont augmenté la valeur: elles donneront lieu à une retenue au profit du mari si elles ont été faites du consentement de la

femme. Si non il ne pourra les imputer sur la dot
que si leur remboursement n'est point d'après les circonstances trop onéreux pour la femme. Ce n'est
dans tous les cas que par voie de retention qu'il
pourra s'en faire tenir compte.

Quant aux dépenses *voluptuaires* mêmes consenties
par la femme, elles ne donnent droit au mari qui les a
faites, ni à une retention, ni à une action. Il faut ranger
dans cette classe celle qui n'ont fait qu'augmenter l'a-
grément du fonds comme des plantations de bosquets,
etc. (Ulp. fr. § 17.) sans servir à le conserver, ou à le
rendre *fructuosior*. (Ulp. l. 9 et 11 pr. Dig. 25. 1).

D. *Propter res donatas.* Pour expliquer cette cause
de retention il convient de rappeler un point de l'histoire du droit romain. Avant un sénatus-consulte rendu
sous Caracalla, les donations entre époux étaient en
principe frappées d'une nullité absolue *ipso jure nihil
valet quod actum est.* Depuis le sénatus-consulte rendu
sous cet empereur, la donation entre époux se trouve
validée si le donateur meurt avant d'avoir manifesté
l'intention de la revoquer. (Dig. l. 3 §§ 10 et 3 et l.
24, 1.) Mais avant comme après le sénatus-consulte
certaines donations sont exceptées de la prohibition qui
ne s'applique qu'à celles qui en même temps apau-
vrissent l'époux donateur et enrichissent le donataire.
Le donateur hors ces cas d'exception, peut revendiquer la chose donnée contre le donataire. Si elle n'existe
plus, il agira contre lui par la *condictio sine causa* ou
ex injusta causa. En outre le mari pourra retenir la
valeur des choses par lui données à sa femme sur la
dot qu'il doit lui rendre.

E. *Propter res amotas*. Si l'un des époux commet en vue du divorce une soustraction au préjudice de son conjoint, ce fait ne donnera point lieu à l'action pénale *furti* comme un vol ordinaire, mais, soit à une retenue sur la dot, soit à une action.

Ces diverses retentions furent autorisées par la législation romaine jusqu'à Justinien qui introduisit dans le droit une réforme presque radicale sur ce point par dar sa constitution (l. *un. de rei ux. act.* § 5. Cod.) de l'an 530 *taceat in eâ retentionum verbositas*, dit-il. Plus de retention *ob mores*. Le *judicium de moribus* se trouve aboli par une constitution de l'an 528 (l. 11 § 2 cod. *de repud.*) L'empereur renvoie aux constitutions impériales qui punissent d'une autre manière les écarts de la femme ou du mari. (Code. l. 8 § 4 l. 1, §§ 1 et 2. *eod. tit.*) Plus de retention *ob res donatas*. En effet, la donation entre époux n'étant valable que si elle n'a pas été révoquée avant la mort du donateur pourquoi une retention *propter res donatas* puisque ce dernier peut agir quand il voudra contre le donataire par une revendication directe ou utile ou par la *condictio* (l. *un.* § 5 *de r. ux. act.*) Plus de retention *propter res amotas* l'action *rerum amotarum* suffira. Plus de retention *ob liberos, cum ipse naturalis stimulus parentes ad liberorum suorum educationem hortetur*. L'affection des parents est (suivant l'empereur du moins) une garantie suffisante pour les enfants. Et quant à la faute de la femme qui a amené le divorce elle se trouve assez sévèrement réprimée par les constitutions impériales, entr'autres peines, par la perte de sa dot et de sa donation *propter nuptias*.

Mais Justinien a t'il conservé la rétention *propter impensas?* S'agit-il de dépenses *nécessaires*, il nous parait l'avoir maintenue (inst. § 37 *de action*. Dans ce cas, même après sa constitution. *de rei ux actione* le principe que ces sortes de dépenses diminuent *ipso jure*, le montant de la restitution de la dot reste en vigueur. Mais s'agit il de dépenses simplement *utiles* elles ne donnent jamais le droit au mari qui les a faites d'opérer une retenue sur le montant de la restitution dotale pour se payer de ses déboursés. Mais il pourra, le mariage une fois dissous, en réclamer le paiement par l'action *mandati contraria*, si *mulieris voluntas intercedat*, sinon, par l'action *negotiorum gestorum contraria* (l. *un. de rei ux.* § 5). Quant aux dépenses voluptuaires faites avec ou sans la volonté de sa femme, elles restent complétement pour le compte du mari. Elles n'autorisent ni une rétention sur la dot ni une action contre la femme. Le mari n'a que le droit d'enlever *sine læsione prioris speciei* l'ouvrage qu'il a fait. *(Ibid).*

CHAPITRE IV

Quelles sont les réformes opérées par Justinien relativement au caractère et aux effets de l'action dotale, et les nouvelles garanties données à la femme pour la restitution de sa dot?

Nous avons déjà mentionné plusieurs des différences qui existaient dans le droit classique entre l'action *rei uxoriæ* et l'action *ex stipulatu* par laquelle la répétition de la dot pouvait être poursuivie lorsque elle avait fait l'objet d'une stipulation. Nous devons

compléter l'exposition de ces différences très remar-
quables et les résumer, avant d'examiner les importantes innovations de Justinien sur cette matière.

1° L'action *rei uxoriæ* était une action de bonne foi; et
même ces mots *quod æquius melius* [1] insérés dans sa
formule donnaient pour mission au juge de conformer
sa décision à la plus scrupuleuse équité. (L. 6 § 2
Dig. *de jure dot.*) — L'action *ex stipulatu* au contraire
était de droit strict. Née de la stipulation elle était
régie par les principes du droit commun et produisait
les mêmes effets entr'époux que lorsqu'il s'agissait
d'un contrat *verbis* intervenu entre toutes autres
personnes, et c'est là l'idée générale qui rend compte de
ses différences avec l'action *rei uxoriæ*. Bien que sous
Justinien le système de procédure *formulaire* n'existe
plus depuis longtemps [2], cependant la distinction des
actions de *bonne foi*, des actions de *droit strict* conserve
une certaine importance. En effet, le juge qui sous le
système de procédure *extraordinaire*, se confond avec
le magistrat, puisera dans la nature même de l'action
le pouvoir plus ou moins large d'appréciation que le
judex puisait autrefois dans les termes même de la
formule.

2° Nous avons vu : (*suprà* p. 49.) que l'action *rei
uxoriæ* n'était point transmissible aux héritiers de la
femme quant elle mourait *in matrimonio*, ou après la
dissolution du mariage, sansa voir mis le mari ou son

[1] Ciceron Top. 17.
[2] En 294 Dioclétien et Maximien prescrivent aux gouverneurs de
province de connaitre eux-mêmes autant que possible de toutes les
affaires, et Constance en 342 abolit toutes les formules. (L. 1 C. *de
formulis.*)

héritier en demeure de lui restituer sa dot. L'action *ex stipulatu* au contraire est transmissible aux héritiers de la femme comme toute action née d'un contrat. Elle est censée avoir stipulé pour elle et pour eux. Ils acquièrent donc cette action qu'elle meure ou non pendant le mariage, qu'elle ait mis ou non son mari en demeure.

3° De ce que l'action *ex stipulatu* était régie par le droit commun, il s'en suivait encore que si la femme était *alieni juris* lors de la stipulation de rendre, l'action née de cette stipulation était acquise à son père à la puissance duquel elle se trouvait soumise ; était elle *alieni juris* lors de la dissolution du mariage son père pouvait exercer sans le concours, *sine adjuncta personâ filiæ)*, ou la volonté de sa fille, l'action *ex stipulatu.*—Nous avons vu *(supra.* p. 39) qu'il en était autrement lorsque le père de la femme *alieni juris* voulait exercer l'action *rei uxoriæ* et jusqu'à quel point le concours des volontés de la fille et du père était alors indispensable.

4° Poursuivi par l'action *rei uxoriæ* le mari pouvait dans le droit classique, lorsque la dot consistait en quantités ou choses fongibles, ne la restituer qu'en trois termes *annuâ bimâ, trimâ die (suprâ*, p. 32.) Poursuivi par l'action *ex stipulatu* il devait, s'il n'avait stipulé à son profit aucun délai touchant la restitution de la dot la rendre immédiatement après la dissolution du mariage quelle qu'en fût la nature. — Le contrat s'exécutait à la lettre.

5° Lorsqu'il était tenu de *l'action uxoriæ* le mari pouvait, comme nous l'avons examiné en détail *(supra*

p. 83) opérer certaines rétentions sur la dot. — Poursuivi par l'action *ex stipulatu* il ne jouissait point de ce droit; il pouvait seulement sans retenir la dot exercer les actions qui naissaient de la cause de ces rétentions.

6° Le mari pouvait invoquer le bénéfice de compétence quand il était tenu de l'action *rei uxoriæ* *(suprà.* p. 55.) Il ne le pouvait dans le cas de l'action *ex stipulatu.*

7° Si, mourant pendant le mariage, le mari avait laissé au profit de sa femme, une disposition de dernière volonté, elle ne pouvait d'après *l'édit de alterutro* (l. 1 § 3 Code de *rei ux act.)* recueillir cette disposition, et en même temps conserver le droit de répéter sa dot par *l'action rei uxoriæ.* Ainsi supposons que le mari eut fait un legs à sa femme sans ajouter que c'était *pro dote,* la femme devait le compenser avec sa dot et n'intenter l'action *rei uxoriæ* que pour l'excédant, ou bien se faire payer ce legs par l'action *ex testamento;* mais elle ne pouvait cumuler le bénéfice de ces deux actions et réclamer ainsi le legs et la dot — Bien différente était la position de la femme qui avait stipulé la restitution de sa dot. Elle pouvait dans notre hypothèse la répéter par l'action *ex stipulatu* sans préjudice du droit d'exiger aussi le paiement du legs des héritiers de son mari, sauf clause contraire et expresse de la part du testateur.

8° Si la femme *alieni juris* au moment où elle stipulait la restitution de la dot constituée, devenait *sui juris* par la mort de son père qui l'avait exhérédée, l'action *ex stipulatu* donnée pour le recouvrement de la dot, ne lui appartenait pas après la dissolution du mariage, mais aux héritiers du père de famille. — En l'absence de toute stipulation touchant la restitution de la dot, la femme devenue *sui juris* avant la dissolution du mariage par le divorce pouvait exercer seule l'action dotale *rei uxoriæ* quand même son père prédécédé l'eut exhérédée.

L'on voit par ce qui précède combien la position de la femme était plus ou moins avantageuse selon qu'elle s'était ou non assurée par une stipulation la restitution de sa dot. Mais Justinien voulut faire disparaître les différences que nous venons de signaler entre l'action *rei uxoriæ* et l'action *ex stipulatu*. Ses réformes sur ce point sont contenues dans la loi unique au Code *de rei ux act. etc.* et dans le § 29 *de actionibus* aux Institutes. Il déclare vouloir opérer une fusion de ces deux actions. Désormais, bien que la restitution de la dot n'ait point été stipulée par la femme, elle pourra toujours la répéter après la dissolution du mariage par la nouvelle action qu'il appelle (inst. § 29 *de act.*) *actio ex stipulatu de dotibus exigendis*, et ces deniers mots ont leur importance, car ils indiquent que le caractère d'action de bonne foi et les prérogatives attachés à la nouvelle action créée par cet empereur ne doivent point être étendus à tous les cas où il y a lieu en général à l'action naissant de la stipulation, mais se restreindre au cas prévu par sa constitution, c'est-à-dire au cas de restitution de la dot. — Ainsi Justinien veut que la stipulation *de reddendâ dote* soit toujours sous entendue au profit de la femme, et elle pourra, elle ou ses héritiers répéter sa dot par la nouvelle action *ex stipulatu*, que le mariage ait été dissous par son décès ou par celui de son mari. Ce dernier ne gagnera plus comme autrefois la dot adventice au cas de dissolution du mariage par la mort de la femme. (L. 1 § 6 *de rei ux act.*). Toutefois l'action *ex stipulatu de dotibus exigendis* n'appartiendra point à la femme ou à ses héritiers si le tiers constituant *extraneus* s'est assuré expressément par une stipulation ou un pacte le retour de la dot *soluto matrimonio*; mais à défaut de pacte ou de stipulation de sa part, aucune convention de retour ne sera sous-entendue à son profit. Toutefois cela n'aura lieu que si le tiers qui a constitué la dot, n'est point l'ascendant paternel de la femme. *Extraneum autem intelligimus omnem citra parentem per virilem sexum ascendentem et in potestate personam non habentem; parenti enim tacitam ex stipulatu actionem damus (§ 13 in fine).*

Lorsque l'ascendant paternel qui a constitué une dot pour sa fille l'a émancipée ou est mort avant la dissolution du mariage après l'avoir exhérédée, la femme *sui juris* quoique exhérédée, n'en pourra pas moins par l'action *ex stipulatu* poursuivre seule, à l'exclusion des héritiers de son père, le recouvrement de sa dot.

Supposons que lors de la dissolution du mariage la femme se trouve non pas *sui juris*, comme dans le cas précédent, mais *alieni juris*, sous la puissance de son père, celui-ci, (c'est là un emprunt fait au caractère de l'ancienne action *rei uxoriæ*) ne pourra exercer l'action *ex stipulatu de dote exigendâ* qu'avec le consentement de sa fille : et s'il vient à mourir avant de l'avoir exercée, la dot fera retour à sa fille *quasi proprium patrimonium* (§ 14 *in fine*).

Telles sont les personnes auxquelles pourra appartenir la nouvelle action créée par Justinien pour la restitution de la dot. Il emprunte comme nous l'avons dit tant à l'action *ex stipulatu* qu'à l'action *rei uxoriæ* de nombreux effets pour les transporter à sa nouvelle action : Ainsi il emprunte à l'action *rei uxoriæ* les effets suivants : 1° La nouvelle action dotale est de *bonne foi* 2° poursuivi par cette action le mari pourra invoquer le bénéfice de compétence comme autrefois poursuivi par l'action *rei uxoriæ*, pourvu qu'il n'ait point par son dol diminué son patrimoine et à charge de donner caution *quod si ad meliorem fortunam pervenerit, etiam quod minus persolvit, hoc restituere procuret*. 3° Il jouira du délai d'un an pour la restitution des meubles, mais devra restituer tout de suite les immeubles dotaux. 4° Si la femme est *alienis juris* lors de la dissolution du mariage, son père ne pourra exercer la nouvelle action dotale qu'avec le consentement de celle-ci. 5° Si devenue *sui juris* avant la dissolution du mariage, la femme a été exhérédée par son père elle n'en aura pas moins droit à l'action *ex stipulatu de dote exigenda*, à l'exclusion des héritiers de ce dernier.

D'un autre côté Justinien emprunte à l'ancienne action *ex stipulatu* tous les effets que nous allons énumérer : 1° L'action *ex stipulatu de dotibus exigendis* est transmissible aux héritiers de la femme, lors même qu'elle meurt sans avoir mis le mari ou ses héritiers en demeure de rendre la dot. 2° L'action *ex stipulatu* d'autrefois répugnait aux rétentions. Nous avons précédemment exposé les reformes de Justinien sur ce point (*suprà* p.) 3° L'édit *de alterutro* d'après lequel la femme agissant par l'action *rei uxoriæ* devait choisir entre la répétition de sa dot et le bénéfice de la disposition de dernière volonté à elle faite par son mari sans pouvoir cumuler, est aboli. Désormais ce cumul lui est permis, à moins que le mari n'ait formellement déclaré qu'il lui faisait cette libéralité *pro dote* (§ 5 *in fine*).

Justinien ne se borna point à créer au profit de la femme la nouvelle action dotale dont nous venons d'examiner et le caractère et les effets. Il voulut entourer la restitution de la dot de nouvelles et puissantes garanties.

Déjà dans le droit classique un *privilegium inter personales actiones* était attaché à l'action *rei ux riæ* et donnait à la femme agissant en répétition de la dot contre son mari l'avantage d'être préférée aux autres créanciers non hypothécaires de ce dernier. Ce privilége lui était personnel et ne passait pas à ses héritiers, et comme il lui était accordé dans l'intérêt public de la conservation des dots en général, elle ne pouvait durant le mariage y renoncer (Dig. l. 2 *de jure dotium* l. 18 et 19 *de reb. auct. jud. poss.*—*Paul sent.* liv. 1er t. 1 § 6). Ce n'était là comme on le voit qu'une garantie bien insuffisante pour le recouvrement de sa dot. Aussi dans une constitution de 529 qui forme la loi 30 au Code *de jure dot*, Justinien lui accorde d'abord sur toutes les choses mobilières ou immobilières, estimées ou non estimées apportées en dot à son mari une hypo-

thèque tacite privilégiée, par laquelle elle primera les
créanciers même hypothécaires de ce dernier. Pour
justifier cette concession d'hypothèque privilégiée à la
femme, l'empereur part de cette idée que, si d'après
la *subtilitas legum*, le mari est civilement propriétaire
des biens qui lui ont été apportés en dot, la femme en a
en réalité conservé la propriété *naturelle* [1] et comme
conséquence de cette propriété *naturelle* par lui ima-
ginée à coté de la propriété *civile* du mari il donne à
la femme, indépendemment de son hypothèque privilégiée dont nous venons de parler, un droit de *revendication* des choses dotales, ce qui ne doit point s'entendre toutefois dans un sens trop absolu. C'est ainsi
que cette revendication ne pourra s'exercer contre le
tiers acquéreur, soit d'un meuble dotal aliéné par le
mari pendant le mariage, soit d'un immeuble dotal
s'il lui avait été vendu (ce qui n'était point prohibé
avant la constitution de Justinien de 530) avec le consentement de la femme, ou s'il l'avait acquis *ex causâ
necessariâ*: Dans tous ces cas l'aliénation ayant été
valable *ab initio*, l'acquéreur n'aura point à craindre
la revendication de la femme.

Mais ces garanties ne paraissent point à l'empereur
suffisamment assurer le recouvrement des dots. En
effet, si déjà dans le droit classique et avant l'année
530, le mari ne pouvait, même avec le consentement

---

[1] Justinien ne méconnait certainement pas la propriété civile du
mari, qu'il appelle seulement une *subtilitas legum* mais dans la
propriété *naturelle* qu'il reconnait d'un autre côté à la femme on
peut voir le germe de notre droit moderne d'après lequel la femme
reste réellement propriétaire de sa dot dont le mari n'a que l'usufruit.

de sa femme, hypothéquer le fonds dotal, il pouvait au moins avec ce consentement l'aliéner. Dès lors si la femme avait consenti à l'aliénation, elle avait par cela même renoncé à se prévaloir contre le tiers acquéreur de son hypothèque privilégiée que lui avait accordée la constitution de 529. Justinien rémédie à cet inconvénient par sa constitution de 530 (l. uniq. Code *de rei ux act.*) Il prohibe d'une façon absolue l'aliénation du fonds dotal, c'est à dire même consentie par la femme : *ne fragilitate naturæ suæ in repentinam deducatur inopiam*, et de plus lui accorde une hypothèque tacite sur tous les biens de son mari, pour assurer la restitution de sa dot. D'après les deux constitutions que nous venons d'examiner, la femme pourra bien renoncer soit à son hypothèque simple sur les biens de son mari, soit à son hypothèque privilégiée sur les meubles apportés en dot avec ou sans estimation et sur les immeubles apportés en dot avec estimation (arg. *à contrario* de ces mots *in fundo non æstimato* l. *uniq.* § 15 *in fine* C. d. *rei ux.*) mais non sur le *fundus proprie dotalis.*

Enfin par la célèbre constitution de 531, célèbre particulièrement par l'injustice qu'elle consacrait au profit des femmes qui, dit-il, *dotes deperditas esse lugebant,* il décide que l'hypothèque tacite précédemment accordée par sa constitution de 530 à la femme sur les biens de son mari, sera privilégiée [1] et qu'elle primera ainsi sur ces biens tous les autres créanciers de ce dernier même ceux qui lors du

[1] Cette hypothèque n'appartient qu'à la femme chétienne orthodoxe (nov. 109. c. 1 et 2)

mariage avaient déjà acquis hypothèque. (l. 12 Code *qui potiores* 8-18). Remarquons toutefois que l'hypothèque ne sera ainsi privilégiée que pour la femme elle-même qui réclame la restitution de sa dot : *cùm ipsa mulier de dote suâ experiatur, cujus solius providentia hoc induximus,* (inst. § 29 *de act.*) ou pour les enfants du premier lit au cas de second mariage de leur père. (l. 12 *qui potiores* § 1 *in fine* C.)

L'on voit combien par cette loi *Assiduis* la bonne foi des tiers était sacrifiée à l'intérêt de la conservation des dots. Aussi la plupart de nos pays de Droit écrit l'avaient rejetée et les rédacteurs du Code Napoléon ont cru devoir par l'art. 1572 refuser formellement à la femme un privilége si exhorbitant.

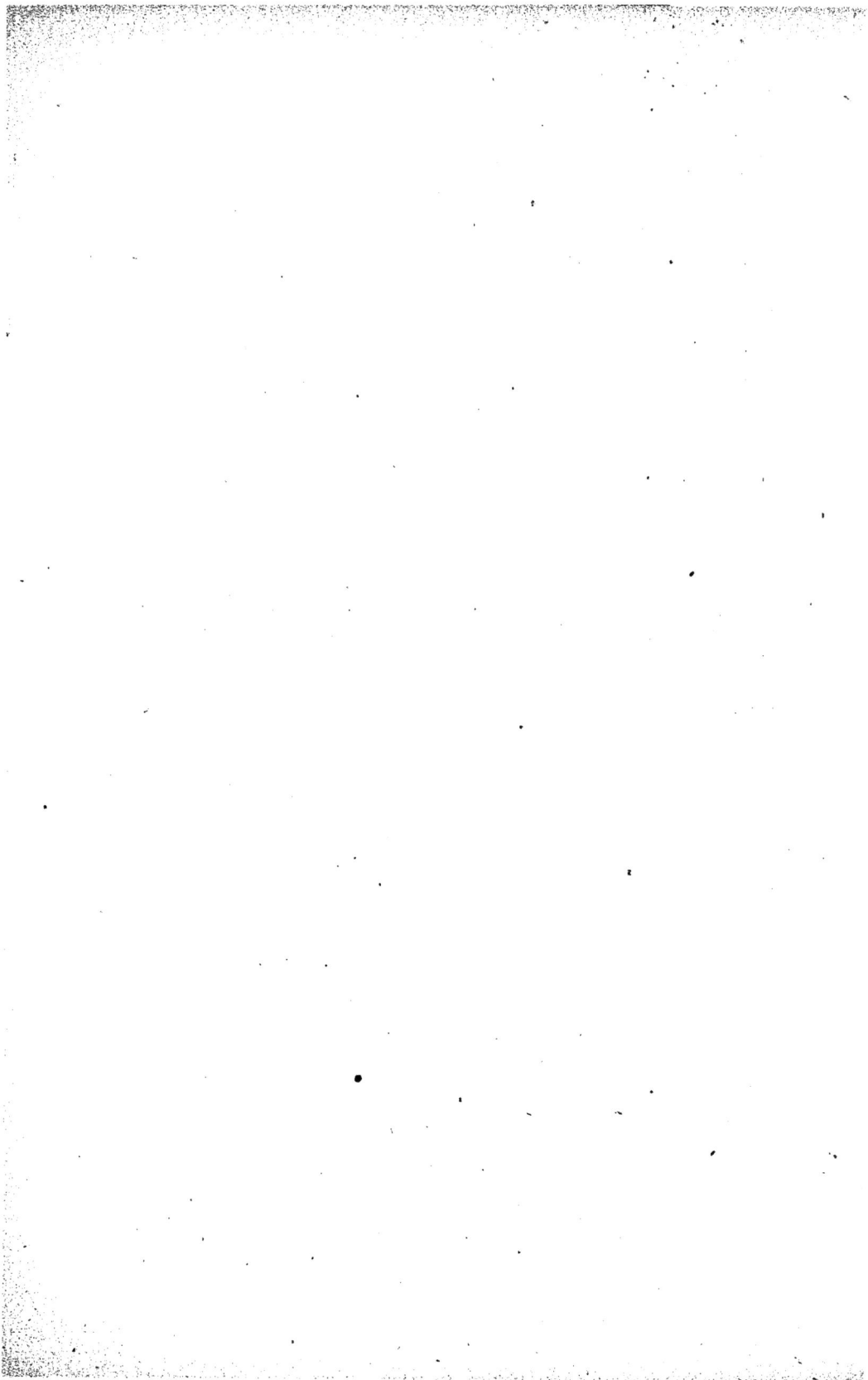

DROIT FRANÇAIS

DE LA SÉPARATION DE BIENS JUDICIAIRE

EN DROIT FRANÇAIS

INTRODUCTION GÉNÉRALE

La femme dans notre législation, tout en perdant par le fait même du mariage une partie de son indépendance, soit au point de vue de sa personne, soit au point de vue de la gestion de son patrimoine, est loin d'être abandonnée à la discrétion de son mari, et si l'on jette un coup d'œil rétrospectif sur l'histoire de notre droit, on s'aperçoit facilement que le caractère que revêt aujourd'hui la puissance maritale n'est pas nouveau. Déjà chez les Germains, nos ancêtres et sous l'influence des idées chrétiennes, nous voyons se développer dans le *mundium* du mari, une sorte de pouvoir protecteur sur la personne et les biens de sa femme. Il en est plutôt le gardien (*mundoaldus*) que le maître, et la plupart des coutumes barbares la garantissent elle-même et son patrimoine contre les abus de son autorité [1].

[1] M. E. Laboulaye. *Recherches sur la condition civile et politique des femmes, etc.* p. 138 et 142.

7

Ce caractère de la puissance maritale ne s'est pas
sensiblement altéré en traversant le moyen-âge pour
arriver jusqu'à nous, et sa longue persistance dans
nos mœurs et dans nos lois est bien justifiée. Ainsi, dans
le système de notre législation moderne, la femme doit
trouver dans la personne de son mari bien moins un
maître qu'un protecteur, dont les obligations sont sanc-
tionnées, soit par le Code civil soit par le Code pénal [1]. En
effet ses actes de violence, ses injures, son adultère, [2] cet
oubli de la foi jurée, sont non-seulement réprimés comme
délits par la loi pénale, mais peuvent encore motiver une
séparation de corps. Lui refuse-t-il les secours pécuniaires lorsqu'elle est dans le besoin, elle peut alors
même qu'il serait intervenu entr'eux soit une séparation de corps, soit une séparation de biens, se les
faire accorder par la justice. Ce ne sont donc point de
simples préceptes de morales dépourvus de sanction
légale que ces devoirs de protection de fidélité, de
secours, d'assistance consacrés par le législateur dans
les articles 212 et 213 du Code Napoléon.

Mais il ne suffisait pas de protéger la personne de
la femme, il fallait aussi sauvegarder sa fortune soit

---

[1] Comme point curieux de comparaison nous citerons le passage
suivant de Beaumanoir rapporté par M. Laboulaye *op. cit.* p, 389.
« En plusieurs cas peuvent les hommes être excusés des griefs
qu'ils font à leur femme. Ni ne s'en doit la justice entremettre car
*il loit (licet) bien a l'homme battre sa femme sans mort et sans
méhaing* quand elle le meffait si comme quand elle fait folie de son
corps ou quand elle dément son mari ou quand elle ne veut obéir
à ses raisonnables commandements ce que prude femme doit faire.
En tous tels cas et autres semblables · est-il bien métier que le
mari châtie sa femme raisonnablement. »

[2] Bien entendu il n'est atteint par la loi pénale que dans les conditions prévues par l'art. 339 C. P.

dans son propre intérêt et celui de ses enfants soit dans celui de la société.

Aussi le législateur y a pourvu, et alors même que la femme n'a point pris dans son contrat de mariage des précautions particulières contre son mari telles que l'adoption du régime dotal, de celui de la séparation de biens, etc., la loi ne la laisse point victime de son excès de confiance. C'est ainsi que son hypothèque légale (art. 2121 C. N.) est selon l'expression d'un jurisconsulte « une sorte de contrepoids servant à « balancer les effets de la puissance maritale et de la « sujétion de la femme [1], » et lui garantit sur les biens immobiliers de son mari le recouvrement des créances qu'elle a, ou pourra acquérir contre lui jusqu'à la dissolution de la société conjugale. Elle trouve un nouveau moyen de protection de son patrimoine dans le droit qu'elle ne peut abdiquer de renoncer à la communauté lors de sa dissolution (art. 1453) L'accepte-t-elle? elle jouit encore d'un bénéfice particulier se rattachant à la même idée que le précédent. C'est celui de n'être tenue des dettes de la communauté, si elle a fait bon et fidèle inventaire (1483), que dans les limites de l'émolument qu'elle en retire.

Mais ces deux dernières faveurs accordées à la femme supposent le mal déjà fait ; il fallait trouver un moyen énergique sinon de le prévenir, au moins d'en arrêter les progrès, et la séparation de biens judiciaire était destinée à atteindre ce but; aussi « ce secours ac- « cordé à l'épouse malheureuse d'un mari dissipateur

---

[1] Battur. *Traités des hypothèques*, n° 350.

« ne pouvait, disait M. Berlier, disparaître de nos lois. »

Après avoir montré à quel ordre d'idées il fallait rattacher dans notre code la faculté donnée à la femme de demander la séparation de biens, nous allons aborder les détails de cette matière, examiner sur quels principes généraux elle était assise dans l'ancien droit, et nous occuper ensuite des règles qui la gouvernent aujourd'hui.

PREMIÈRE PARTIE

Origine de la séparation de biens judiciaire et exposition sommaire des principes généraux de cette matière dans notre ancien droit français

A. C'est dans les lois romaines, dit Merlin, que nos ancêtres ont puisé l'idée de la séparation des biens qui se fait pendant le mariage [1], et nos anciens auteurs s'accordaient sur son origine ; aussi Pothier rapporte que la femme pouvait former contre son mari une demande en séparation de biens « pour les mêmes « causes pour lesquelles par le droit romain elle pou- « vait demander, durant le mariage, la restitution de « la dot. » Cette restitution anticipée de la dot décou- lait tout naturellement de la protection toute spéciale, exorbitante même, dont elle jouissait dans la législ-

---

[1] Merlin *Répertoire* V° Sep. Sect. II. § I.

lation romaine et de l'immense intérêt qu'on attachait à sa conservation *nam publice interest dotes
mulierum conservari* [1]. Les pays de droit écrit en
adoptant le régime dotal en avaient également admis
cette dépendance et s'étaient habitués insensible-
ment à donner le nom de séparation de biens à
l'opération par laquelle la femme non commune se faisait conformément aux lois romaines, restituer sa dot [2].
Dans les pays de droit coutumier on s'appropria
aussi ce moyen de protéger, de conserver les intérêt
pécuniaires de la femme, bien que sous le régime de
droit commun celui de la communauté, en vigueur
dans ces pays là, cette idée parut difficilement s'accorder, au premier abord, avec les larges pouvoirs
laissés au mari sur les biens communs. Ces pouvoirs,
en effet, lui donnaient le droit d'en disposer à son gré
même par donation entre vifs sans le consentement de
sa femme. [3]

Mais c'était suffisamment respecter la puissance du
mari que de ne point porter atteinte à des aliénations
déjà réalisées souvent bien plus motivées par son
caprice ou son intérêt personnel que par les exigences d'une sage administration, « il fallait sauver
« l'avenir [4]. »

Les pays de droit écrit la séparation de biens était
à peu près régie par les mêmes règles qu'en pays de
droit coutumier. Aussi les anciens auteurs qui écri-

[1] Dig. loi I. liv. 24 t 3. solut matrimonio.
Merlin Rep. V° Sep. locit.
Pothier Comm. p. 7.
[4] M. Troplong. *contrat de mariage* n° 1309.

vaient pour le nord comme pour le midi de la France
ne se croyaient pas obligés d'adopter dans leurs explications une division en deux parties correspondant
chacune à ces deux sortes de pays[1]. Nous suivrons la
même méthode dans cette exposition succinte de
l'ancien droit, sauf à noter au courant de ce travail
les petites différences qu'il importe de signaler. Observons cependant tout d'abord qu'en pays de droit coutumier le principal effet de la séparation de biens était
d'amener la dissolution de la communauté conjugale,
tandis qu'en pays de droit écrit où le régime dotal
et non celui de la communauté était usité, la séparation donnait principalement à la femme le droit de
demander la restitution anticipée de ses biens dotaux[2]. Cette remarque faite, nous allons résumer suc-
cinctement les principes généraux de cette matière
dans notre ancien droit.

Pour quelles causes la séparation de biens pouvait-
elle être demandée? Dans les pays de droit écrit on
s'en rapportait à cet égard aux lois romaines, notamment aux lois 22 et 24 Dig. *soluto matri.* à la loi 29
au Code, *de jure dotium* et à la novelle 97 (ch. 6) de
Justinien.

Parmi les coutumes, les unes exprimaient par des
formules, quelquefois très-vagues[3], les faits pouvant la
motiver ; d'autres étaient muettes.

Quant à celles de la première classe elles se réfé-

[1] *Voyez notamment* Roussilhe *Traité de la dot* t. 2 p. 53. et s·
(*ancienne édition*)
[2] Domat *lois civiles* p. 101. Roussiche. *t.* 2 *p.* 67.
[3] *Par ex* la coutume de Bretagne art. 424.

raient par leur esprit, sinon par la lettre des expressions dont elles se servaient, aux principes des lois
romaines. Dans les coutumes muettes, cette doctrine
avait, selon Merlin, prévalu, [1] qu'il fallait consulter la
coutume voisine pour y trouver la solution de la question demandée et si celle-ci ne s'en expliquait pas
davantage, l'esprit des autres coutumes ; dans le silence de ces dernières, le droit romain s'il présentait
une solution ; on l'appliquait alors non pas comme loi
mais comme *raison écrite*, si ce n'est dans les pays
dont les coutumes s'en référaient expressément au
droit romain pour les cas non prévus [2] par elles. Cette
observation démontre que dans la plupart des cas on
devait sur les causes de la séparation de biens s'en
référer aux lois romaines. On doit remarquer aussi
que l'absence dans la plupart des coutumes, d'un texte
précis sur ces causes, et l'obligation de s'en référer
très-souvent au droit romain *comme raison écrite* et
non *comme loi* devait donner aux juges une liberté
d'appréciation moins limitée qu'aujourd'hui sous le
Code Napoléon, qui nous offre dans l'art. 1443 un
texte de loi dont la rédaction n'est pas irréprochable,
mais qui a l'incontestable avantage sur l'ancien droit
de fixer pour toute la France sous une formule pré-
cise les faits pouvant motiver une demande en séparation de biens. Aussi Lebrun pouvait-il écrire : « Les
« séparations sont ordinairement accompagnées de
« beaucoup d'équité ou de beaucoup d'injustice ce
« qui dépend des circonstances. On les doit quelque-

[1] Merlin V° *Autorités* et V° *Raison écrite.*
[2] Id. loc. cit.

« fois accorder pour l'intérêt du sexe et pour celui
« de toute une famille à qui la séparation de la mère
« est toute une ressource. Quelquefois encore on les
« doit refuser pour la gloire du sexe qui ne doit pas
« venir aux dernières extrémités pour quelque perte
« que cause la mauvaise fortune [1]. » Un arrêt de
juin 1641 était allé jusqu'à prononcer la séparation de
biens pour cause de jalousie du mari [2] et bien qu'il
n'ait pas entraîné la jurisprudence d'alors il prouve
jusqu'à quel point les juges avaient cru pouvoir
étendre leur pouvoir d'appréciation.

Nous devons maintenant au milieu de la diversité
des arrêts et des solutions données par nos anciens
auteurs, énoncer les principes qui paraissent avoir
prévalu autrefois quant aux causes de la séparation de
biens. On s'attachait principalement à cette idée : la
sûreté de la dot est-elle sérieusement compromise ;
mais ce n'était pas le point de vue exclusif auquel on
dut se placer, puisqu'on admettait par exemple la
femme à demander sa séparation de biens, par cela
seul que son mari était judiciairement interdit, bien
que cette interdiction ne mit pas par elle-même la dot
en péril [3]. Peu importait d'ailleurs (c'était du moins
l'opinion qui avait prévalu) que le péril de la dot provint d'un cas fortuit ou de la faute et de la mauvaise
conduite du mari. C'était l'avis de Pothier contre
celui de Lebrun qu'il a combattu [4]. Il n'est pas néces-

[1] Lebrun. *Traité de la Communauté.*
[2] Roussilhe. *Traité de la dot,* t. *II,* p. 152.
[3] Id. p. t. II. n° 481.
[4] Pothier. *Traité de la Communauté* n° 60 et . Roussilhe, *op. cit.*
p. 55.

saire d'attendre l'entière insolvabilité du mari, pour pouvoir la demander. Il suffit que l'état de ses affaires fasse prévoir qu'elle ne peut que s'augmenter de plus en plus, et compromettre la restitution de la dot [1]. Le remède sans cela serait impuissant. Mais de ce que le mari ne ferait pas l'emploi même stipulé par contrat de mariage des deniers que la femme s'est réservés comme propres par ce contrat, il ne s'en suivrait pas nécessairement qu'elle eût le droit de demander la séparation ; il faudrait de plus que la dot fut en péril, ce qui n'aurait pas lieu si le recouvrement des sommes dotales non-employées se trouvait suffisamment garanti par la fortune immobilière du mari [2].

La saisie des immeubles du mari par ses créanciers faisant présumer le mauvais état de ses affaires et par suite le péril de la dot, les Parlements de Pau et de Bourgogne décidaient qu'elle donnait le droit à la femme de demander sa séparation de biens.

Nos anciens auteurs voyaient encore dans l'interdiction judiciaire du mari un motif suffisant pour l'obtenir sans que d'ailleurs la dot fut véritablement en péril [3].

La femme n'avait-elle que son industrie ou son talent, elle pouvait cependant demander à être séparée si son mari en dissipait follement les profits. « Elle y a intérêt, disait Pothier, pour conserver à l'avenir les gains que ce talent ou cette industrie pouvaient lui

[1] Pothier, loc. cit.
[2] Id. loc. cit.
[3] Lebrun. *Comm.* 1re *part.* chap. 9, n° 4. Roussilhe, t. II, n° 481. D'Argentré *sur la Coutume de Bretagne*, 433.

procurer. » [1] Ils lui tenaient alors lieu de dot [2].

Lorsque le mari sans compromettre d'ailleurs les capitaux mobiliers de sa femme ou sa fortune immobilière en dissipait seulement les fruits ou revenus dans une telle mesure que les besoins du ménage n'étaient plus légitimement satisfaits, la séparation de biens pouvait être demandée [3].

Enfin, la longue absence du mari [4] pouvait le motiver, et elle résultait même de plein droit de sa faillite ; ce qui a entraîné MM. Rodière et Pont à soutenir, en s'appuyant sur l'opinion de Roussilhe [5], qu'aujourd'hui encore la faillite déclarée entraîne de plein droit la séparation de biens. C'est là évidemment une erreur échappée à ces savants jurisconsultes.

Bien plus « il y a certains auteurs qui prétendent, « dit Roussilhe, que la jalousie du mari suffit aussi « pour donner lieu à la séparation de biens, et que « cela a été ainsi jugé par arrêt du mois de juin 1641 « rapporté par Gautier plaidoyer 15. »

Telles étaient dans notre ancien droit les principales solutions données par les auteurs et la jurisprudence sur les causes de la séparation de biens.

B. Mais quelles personnes pouvaient la demander ? « Il n'y que la femme, » disait Pothier [6]. Ce n'était pas l'avis de Lebrun, qui citait trois hypothèses où le mari lui-même pouvait l'obtenir, et, entr'autres le cas où les affaires de la femme étaient « si in-

[1] Pothier, loc. cit.
[2] Roussilhe, op. cit. p. 57.
[3] Merlin. V° Sep. de biens sect. II. § I, n° 4.
[4] Roussilhe t. II n° 480 *exigeait cinq ans d'absence,*
[5] Id. t. II, p. 492.
[6] Pothier, *loc. cit.* Roussilhe, n° 478.

« triguées que l'application et la fortune du mari
« n'y suffisaient pas », et il donnait pour exemple
celui d'un mari dont la femme se trouvait engagée
gée dans 114 procès encore indécis ,.Mais Denizart
rapporte un arrêt de la grand'chambre du parlement
de Paris qui rejette cette doctrine, et le sentiment de
Pothier avait fini par prévaloir.

C. La séparation de biens ne pouvait se faire que
par une sentence du juge rendue en connaissance de
cause. La coutume d'Orléans qui devait être suvie à
cet égard dans les coutumes muettes, s'exprimait ainsi :
« Les séparations de biens doivent se faire avec connaissance de cause, et information préalablement faite
par le juge des lieux où demeureront ceux qui requer-
ront les dites séparations, et ne seront les dites séparation *déclarées valable*, sinon que les sentences de
celles-ci aient été publiées en jugement, à jour ordinaire, le juge séant, et enregistrées en la juridiction
dudit juge et exécutées sans fraudes [2]. » Peu importait
donc que les faits servant de fondement à la demande
fussent avoués par le mari, la femme ne devait pas moins
en prouver la vérité, cela pour éviter entre époux une
collusion déguisant une séparation volontaire. Cependant, bien que la généralité des arrêts proclamassent la
nullité des séparations de biens conventionnelles, quelques arrêts du Parlement de Paris les avaient recon-
nues valables, et certaines provinces telles que l'Artois,
la Flandre, le Brabant le Piémont, reconnaissaient même,
en principe, la validité de ces sortes de séparations [4],

[1] Lebrun, loc. cit.
[2] C. d'Orléans, art. 198.
[3] Arrêt du 8 mars 1631, 20 août 1724. 5 sept. 1761,
[4] Merlin V° sept. de biens loc. cit.

Mais cette jurisprudence ne prévalut point. Toutefois on regardait généralement comme valables les séparations de biens volontaires, lorsque le décès d'un des conjoints avait dissous le mariage et par suite la communauté.

Cette solution approuvée par Merlin [1] et possible autrefois en l'absence d'un texte législatif proscrivant expressément les séparations par consentement mutuel, ne pourrait certainement plus se justifier aujourd'hui en présence de l'art. 1443-C. N. et de l'art. 870 C. Pr. civ.

D. Certaines formalités devaient précéder, accompagner et suivre la sentence de séparation de biens. En voici le résumé : La femme adressait d'abord au juge du domicile de son mari une requête où étaient articulés les faits motivant la demande, et tendant à obtenir l'autorisation de la former. En vertu de l'ordonnance rendue sur cette requête, elle assignait son mari pour voir ordonner la séparation. Le juge ne pouvait la prononcer que sur la preuve des faits par elle articulés, faite soit par témoins, soit par écrits tels que les pièces justificatives de la saisie réelle des biens du mari mettant la dot en péril. Cette preuve faite, le juge rendait la sentence de séparation. Pour produire son effet elle devait « être publiée en jugement à jour ordinaire, le juge séant ; et enregistrée en la juridiction dudit juge, et exécutée sans fraude » (art. 198, C. d'Orléans). Mais, selon Pothier, les sentences rendues à l'audience sur plaidoirie des avocats ou procureurs n'avaient pas besoin d'autre publication

[1] Arrêt du Parlem. de Paris, 1er déc. 1626, 5 septembre 1635 26 janv. 1662. P. de Dijon, 15 déc. 1644 et 1er juillet 1699. — Flandre 26 mai 1746.

et cette disposition sus-énoncée de la Coutume d'Orléans (art. 198) ne devait s'appliquer qu'aux sentences
rendues par écrit. Merlin nous apprend que la nécessité de faire publier les sentences de séparation de
biens résultant de l'art. 198 n'était pas de droit commun, et « personne dit-il, à l'exception des commer-
çants ne perd le fruit d'une sentence de séparation
par cela seul qu'il omet de faire publier le jugement »
Toutefois il remarque que dans la plupart des provinces
françaises une certaine publicité était toujours donnée
à la sentence de séparation par l'insinuation au bureau
du domicile du mari, prescrite par les art. 4 et 12 de
l'édit de décembre 1703 et l'art. de la déclaration du
19 juillet 1704. De plus, en certains pays, comme en
Bourgogne et en Normandie les noms des époux séparés
devaient être inscrits sur un tableau exposé aux re-
gards du public. Enfin l'ordonnance de 1673, (tit 8.)
prescrivait un mode spécial de publicité pour les séparations de biens des femmes des marchands et des
banquiers. On voit donc que si la publicité de la sentence de séparation de biens variait selon les lieux, soit
dans le mode, soit dans le degré, elle n'en existait pas
moins partout dans une certaine mesure; mais à la
différence de ce qui a lieu aujourd'hui on ne voit pas
que les demandes en séparation de biens fussent as-
sujetties autrefois à une publicité quelconque d'après
le droit commun. Il est bien vrai que cette nécessité
avait été reconnue par quelques provinces telles que
la Normandie, la Bourgogne, la Franche-Comté, mais
c'était là des exceptions. Ainsi le parlement de Dijon
voulait que les créanciers du mari et de la femme

fussent assignés, s'ils étaient connus, à personne au domicile, et si on ne le connaissait pas, avertis à cris publics ». Celui de Rouen par un arrêt de réglement du 30 août 1555 ordonnait: 1° que les lettres de séparation obtenues par la femme à la chancellerie fussent publiées dans les places et marchés à haute voix; 2° que les époux indiquassent au procureur du roi le nom et la résidence de leurs créanciers pour les appeler dans l'instance à contester l'entérinement des lettres de séparation; 3° qu'ils fissent enfin le dépôt au greffe de l'état détaillé de leurs meubles et si les créanciers et le mari s'accordaient, à reconnaître les faits de dissipation, le péril de la dot, allégués par la femme, la séparation pouvait sans autre preuve être prononcée. En Franche Comté enfin on avertissait les créanciers inconnus par une sorte d'édit appelé *proclamut*. » Mais c'étaient là des exceptions.

Les sentences de séparation de biens, pour être valables devaient, outre les formalités ci-dessus exigées, être exécutées sans fraude (art. 198 C. Orléans). La femme en conséquence devait en exécution de la sentence s'être fait restituer sa dot ou du moins avoir fait des poursuites non abandonnées depuis pour l'obtenir » et dans les pays de droit coutumier, on exigeait à peine de nullité de la séparation, qu'il fut dressé un inventaire ou un procès verbal de la vente des meubles du mari, ou un acte distinctif des effets des deux con-

---

1 *Conf.* Merlin V° *Sep. de lieu sect.* 2. § 3 *art.* 2 Denisart V° *sep. n°* 45. Raviot sur Périer. *quest.*251 n° 5?.

» Merlin V° *Sep de bien* n° 45 *et* s.

³. Roussilhe t. 2 p. 65.

joints. [1] Les jurisconsultes déclaraient collusoire toute séparation de biens non-exécutée; mais contrairement à ce qui a lieu aujourd'hui, l'ancienne jurisprudence ne fixait pas de délai de rigueur pour cette exécution ou le commencement des poursuites.

E. Par la séparation de biens la communauté était dissoute; de là pour la femme le droit de l'accepter ou d'y renoncer. C'était du moins l'avis de Pothier, de Lebrun [2] d'accord avec la jurisprudence du Châtelet de Paris (acte de notoriété du 27 juillet 1707), et cette opinion pouvait encore se fortifier de l'appui de Dumoulin [3]; mais elle était rejetée par quelques auteurs entr'autres de Laurière, qui disait: « La raison veut « qu'elle ne puisse demander le partage de la com- « munauté parceque en demandant ce partage elle se « contredirait elle-même en reconnaissant tacitement « que son mari ne serait pas autant dissipateur qu'elle « le dirait. » [4] Cette raison n'était pas très-concluante car pourquoi la femme n'aurait elle pas pu partager avec son mari le reste des biens communs que ses dissipations auraient respectés.

C'était encore une question controversée dans nôtre ancien droit que celle de savoir si la sentence prononçant la séparation de biens avait un effet rétroactif au jour de la demande. Pothier constate [5] que l'usage constant du Chatelet de Paris était de reconnaître cet effet à la sentence, mais c'était une simple règle de

[1] Id. l. c.
[2] Lebrun *Traité de la Comm.* p. 284.
[3] *Sur l'art.* 25 *de l'ancienne Cout. de Paris.*
[4] De Laurière *sur l'art.* 224. *C. de Paris t.* 2 p. 201.
[5] Poth. Comm. n° 521.

jurisprudence‘ aucun texte de loi ne l'établissait comme aujourd'hui. La séparation de biens résultant accessoirement de la séparation de corps ne nous paraît pas avoir eu dans notre ancien droit d'effets rétroactifs [1] et nous démontrerons que sous le Code Napoléon il en est encore ainsi.

F. Par la séparation de biens la capacité de la femme se trouvait augmentée. Elle pouvait, ans autorisation, en vertu de son droit de libre [2] administration, s'oblige, dans les limites de ce droit, aliéner son mobilier, recevoir ses revenus et ses capitaux mobiliers, faire de simples baux [3], plaider dans les actions mobilières ou concernant l'administration de ses biens. Elle ne pouvait s'obliger d'une façon absolue mais seulement *jusqu'à concurrence* de ses revenus et de ses meubles [4]. Elle devait être autorisée pour hypothéquer ses immeubles, ou les aliéner directement ou indirectement, et pour recevoir le rachat d'une rente. [5] La jurisprudence ne s'était pas arrêtée au texte trop absolu de la Coutume de Paris (art. 234) du quel on aurait pu conclure, en le prenant à la lettre, que les femmes séparées pouvaient s'obliger et tester en jugement, tant

---

[1] *Conf.* M. Coin Delisle *Revue Critique* etc. t. VIII. p. 22.

[2] Nous disons *libre* administration, bien que Pothier et à plusieurs reprises, parle de son droit de *simple* administration. (Traité de la puissance du mari sect. 2. art. 1er § 1er nos 15 et 16). La première qualification acceptée par la généralité des auteurs est plus exacte. (Voy. de Laurière *cout de Paris*, art 224 p. 198. Argou *institut au droit fran.* t. 2. p. 202 et 213). Du reste, Pothier ne restreint pas plus que ces auteurs dans ses solutions, la capacité de la femme séparée.

[3] Argou *op cit.* t. 2 p. 202. Pothier *op cit* nos 15 et 16.

[4] De Laurière sur *l'art.* 224 t. 2 p. 199 Roussilhe t. 2 68. n° 498.

[5] Pothier *op cit* n° 17. *Roussilhe* n° 497.

pour leurs meubles que pour leurs immeubles, et des jurisconsultes en avaient effectivement tiré cette conséquence comme le rapporte de Laurière. Mais bientôt la jurisprudence, comme nous l'apprend cet auteur, restreignit dans son application la portée de cet article et l'on tenait *pour maxime* (de Laurière t. 2 p. 222) « que la femme séparée devenait « *en tout semblable* « *au mineur émancipé lequel n'a que la libre adminis-* « *tration de ses revenus et de ses meubles sans pouvoir* « *ni vendre ni engager ses immeubles*[1].

Certaines coutumes permettaient à la femme séparée de contracter et de s'obliger d'une façon absolue sans l'autorisation de son mari, mais elles étaient en petit nombre.[2]

G. Différente, en ce point, de la séparation de biens contractuelle, celle qui survenait pendant le mariage n'était pas irrévocable.[3] Elle pouvait cesser du consentement des deux époux. Mais c'était une question controversée que celle de savoir si le rétablissement de la communauté ou plus généralement du contrat primitif devait être constaté dans un acte public. Pothier et Lebrun adoptaient l'affirmation[4], et l'art. 1450

[1] De Laurière sur l'art. 22 et 254 de la Cout. de Paris. Roussilhe t. 2 p. 68.

[2] Montargis ch. 8, art. 6, Sedan art. 95 et 97. Dunois, Blois art. 50.

[3] C'était l'opinion générale. conf. Lebrun op. cit. n° 16. Renusson, Comm. ch. 9, n° 62. Pothier, *traité de Comm.* n° 523 et 524, *contrà* Bourjon t. 1er p. 600 Denisart *decis* v° *separat.* n° 54.

[4] Quant la séparation de biens résultait accessoirement de la séparation de corps la réunion publique des époux opérait dans ce cas le rétablissement de la communauté. (Pothier n° 524. Merlin op. cit. n° 2).

du Code Napoléon a tranché cette controverse. —
« En pays de droit écrit, on ne voit guère, disait
« Roussilhe, de département des séparations de biens
« qui ont été obtenues parceque la femme n'y a aucun
« profit et qu'elle préfère avoir la liberté de jouir de
« ses biens, au lieu qu'en pays de droit coutumier les
« femmes profitant de la moitié de ce que gagne leur
« mari ont intérêt lorsque les maris rétablissent leurs
affaires d'avoir part au profit qu'ils font. »

Le rétablissement de la communauté remettait les
choses au même point que si la séparation n'eut pas
existé. Si donc une succession mobilière était échue à
l'un des époux depuis sa prononciation elle était réputée être tombée dans la communauté ; mais cet effet
rétroactif résultant à l'égard des époux de la cessation
volontaire de la séparation de biens ne pouvait préju-
judicier aux droits acquis aux tiers depuis le jugement
qui l'avait prononcée. Enfin les limitations ou restrictions apportées au pacte matrimonial primitif étaient
nulles et de nul effet.

H. D'après les derniers arrêts du parlement de
Paris [1] la femme séparée de biens n'était point admise
à réclamer son douaire. Dans le Hainaut cependant on
lui accordait un demi-douaire, et certaines coutumes
le lui donnaient même en entier [2]. Quant aux autres
droits de survie, ils ne s'ouvraient qu'à la mort naturelle ou civile du mari.

Dans le Lyonnais et à Toulouse, la femme séparée

[1] Arrêts du 11 juillet 1615, 27 mars 1684. Pothier, *comm.* t. 2 *part.* 2 7 *ch.* 1er, *art* 2.
[2] Coutumes du Nivernais, de Normandie, du Maine.

ne pouvait, avant la dissolution du mariage, la réclamer
jouissance de son augment et dans d'autres pays de
droit écrit, la femme séparée pouvait bien se faire
attribuer dans l'ordre ouvert contre son mari une
collocation éventuelle pour son augment, mais elle
n'en touchait le revenu qu'à titre d'alimens et jusqu'à
concurrence des besoins de la famille, et l'excédent
de ces revenus sur ces besoins était attribué aux
créanciers du mari. Il y avait encore d'autres différences de jurisprudence selon les lieux, inutiles à signaler. Ce que nous devons seulement remarquer,
c'est que cette variété de jurisprudence et de coutume
explique suffisamment pourquoi les rédacteurs du
Code Napoléon ont cru devoir par un article formel
(1452) faire cesser toutes ces divergences de doctrine
qui ne justifiaient que trop cette critique de Voltaire
lorsqu'il disait : « Lorsqu'un homme voyage en France
il change de lois presqu'autant que de chevaux. »

DEUXIÈME PARTIE

De la séparation de biens judiciaire sous la législation actuelle

GÉNÉRALITÉS. — DIVISION

Les rédacteurs du Code Napoléon en dotant la
France d'une législation uniforme réalisaient les
vœux de quelques-uns de nos plus célèbres jurisconsultes et d'éminents magistrats : *Nihil laudabilius,*

disait Dumoulin, *nihil in tota republica utilius et optabilius quam omnium diffusissimarum et ineptissimè sæpe variantium hujus regni consuetudium inæ brevem unam clarissimam et æquissimam consonantiam reductio* [1]. » Les États Généraux avaient plusieurs fois sollicité l'exécution d'un Code uniforme [2], mais il ne fut pas donné à l'ancienne monarchie de de réaliser ce projet renouvelé par les L'Hopital [3], les Colbert [4], les Lamoignon. C'était au Consulat qu'était réservé l'honneur de donner à la France un Code civil applicable à tous, et à l'empire de compléter dans les autres branches du droit ce grand monument législatif promis, il est vrai, par les décrets des diverses assemblées révolutionnaires, mais arrêté dans son exécution par les préoccupations politiques de ce temps.

Comme la sagesse du législateur consiste surtout à profiter de l'expérience du passé et à lui emprunter « cette tradition de bon sens, de règles, et de maximes qui forment l'esprit des siècles [5], » les rédacteurs du Code Napoléon, en répudiant particulièrement les principes qui découlaient, dans notre ancien droit, de l'organisation aristocratique de la famille, de la propriété, de la société d'alors, lui empruntèrent tout ce qui ne contrariait pas les utiles

[1] Dumoulin. *V. oratio de concordià et unione consuetud. Franciæ.*

[2] et [4] Augustin Thierry. *Essai sur l'histoire de la form. et du pr. du Tiers-État édit.* 1864 p. 117 et 239. États de 1560 et de 1614.

[3] Vie du conseiller L'Hopital par L'Evêque, p. 29.

[4] Portalis *Discours préliminaire.*

innovations opérées dans l'ordre social depuis 1789,
et pouvait s'accommoder avec les grands principes phi-
losophiques proclamés par la Révolution. Ils voulurent
donc puiser qans le droit romain ce qui lui avait valu
le nom de *raison écrite* et dans nos coutumes les dispositions dui faisaient « honneur à la sagesse de nos
pères [1]. » Aussi lorsqu'ils s'occupèrent spécialement de
la matière de la séparation de biens ils n'hésitèrent
pas à conserver à la femme ce contrepoids apporté à
la puissance maritale « ne devant pas y avoir en ce
monde, comme le dit très-bien M. Troplong, de pouvoir sans limite [2]. » On s'appliqua donc seulement à
édicter des mesures de précaution pour éviter les
fraudes que les séparations de biens avaient trop souvent couvertes dans notre ancien droit.

Nous diviserons en huit chapitres notre étude sur
la séparation de biens judiciaire.

Dans un premier chapitre, nous examinerons les
faits qui peuvent la motiver ;

Dans un second, qui peut la demander ;

Dans un troisième, la prohibition des séparations de
biens volontaires ;

Dans un quatrième, nous nous occuperons de la
demande, de l'instance et du jugement de séparation
de biens ;

Dans un cinquième, des effets de la séparation de
biens ;

Dans un sixième, de ses effets spéciaux sous le
régime dotal ;

[1] Portalis. *Discours préliminaire.*
[2] M. Troplong. *Contrat de mariage* n° 1510.

Dans un septième enfin, de ses effets relativement au gains de survie.

CHAPITRE I

Des faits qui peuvent légalement motiver une demande en séparation de biens

L'article 1443 est ainsi conçu : « La séparation de « biens ne peut être poursuivie que en justice par la « femme dont la dot est mise en péril, et lorsque le « désordre des affaires du mari donne lieu de craindre « que les biens de celui-ci ne soient point suffisants « pour remplir les droits et reprises de la femme. « Toute séparation volontaire est nulle. » Il serait difficile de faire rentrer dans les termes de cet article entendu dans leur sens ordinaire et restrictif toutes les hypothèses ou le législateur a certainement autorisé la femme à intervenir pour sauvegarder ses intérêts pécuniaires ; aussi la doctrine et la jurisprudence sont d'accord pour les interpréter dans le sens le plus large et le plus favorable à la femme. L'article semble prévoir deux causes de séparation bien distinctes : 1° le péril de la dot; 2° le danger pour la femme de ne pouvoir exercer utilement ses droits et reprises contre son mari. Cependant nous croyons avec les interprètes de la loi les plus autorisés, que ces deux hypothèses se réduisent au fonds à une seule, celle où *la dot* de la femme est sérieusement en péril, en prenant ce mot dans son acception la plus étendue, en l'appliquant par conséquent, non-seulement à l'apport actuel fait par la femme pour subvenir aux charges du mariage, mais aussi à tout ce qu'elle peut avoir à réclamer à son mari lors de la dissolution du pacte matrimonial [1]. MM Aubry et Rau expliquent très-bien l'insuffisance de la rédaction de l'art. 1443, particulièrement au point de vue du régime de la communauté en observant que cet article est tiré de la loi 24, *solut. matr.* qui prévoit seulement le cas motivant le plus souvent la demande en séparation de biens, celui où la restitution des apports de la femme se trouve compromise par le désordre des affaires du mari [2]. « *Si constante matrimonio, propter inopiam mariti mulier agere volet unde exactionem dotis initium accipere ponamus? et constat exinde dotis exactionem competere ex quo evidentissime apparuerit mariti facultates ad dotis exactionem non sufficere.* »

Du rapprochement de ce texte de la loi romaine avec la loi 29 au code *de jure dotium*, et la novelle 97 de Justinien, ch. 6, il résulte que pour autoriser la femme à demander la séparation de biens il n'est pas nécessaire d'attendre la ruine complète du mari. Il suffit d'un commencement de désordre dans ses affaires capables de faire sérieusement présager le péril de la dot; « *Cum maritus vergit ad inopiam* » disait Godefroy sur la loi **24** *sol. matr.* C'était le sentiment de tous nos anciens auteurs [3], et rien ne nous montre que les rédacteurs du Code Napoléon s'en soient écar-

[1] Marcadé sur l'art. 1443 *Du contrat de Mariage* t. V. Aubry et Rau d'après Zachar. t. IV. p. 330, édit 1860.

[2] MM. Aubry et Rau b. c. p. 330, note 8.

[3] *V. notam* Pothier *Comm.* n° 520 Roussilhe n° 472 t. 2.

tés. Le motif donné par Pothier sera toujours décisif;
si on attendait l'entière insolvabilité du mari la séparation de biens serait un remède inutile.

Nous admettons aussi comme Pothier et nos anciens
jurisconsultes qu'il importe peu que le désordre des
affaires du mari soit le résultat de sa faute ou d'un cas
fortuit, la dot n'en est pas moins en péril. En effet
l'art. 1443 et l'art. 1563 qui répète pour le régime
dotal, mais en termes plus concis, la décision contenue dans le premier ne distinguent nullement entre la
faute du mari ou les événements purement fortuits
capables de mettre la dot en danger. Il suffit donc
que ce danger existe[1] . Nous irons même plus loin, et
nous croyons qu'une demande en séparation de biens
ne pourrait pas être repoussée par le mari sous le prétexte par lui allégué que les prodigalités de sa femme
sont la source du désordre survenu dans ses propres
affaires. Ces dépenses, ne pouvait-il pas les modérer et
s'occuper plus activement du ménage auquel il a eu
tort de rester trop étranger! il a manqué au rôle de
protecteur de sa femme que la loi lui impose (art. 213,
C. N.). Ne serait-il pas étrange qu'il se fît contre sa
femme une arme de sa propre négligence? Aussi nous
croyons devoir rejeter le tempérament apporté par
M. Troplong à cette solution. Ce savant jurisconsulte
n'admet la prétention de la femme qu'au cas ou le
mari aurait partagé ses torts, et non pas lorsqu'il
aurait eu seulement la faiblesse de les souffrir sans y
participer lui-même. C'est là une faiblesse dont il doit

[1] Poth. l. c. — Encyclopédie-Méthode, V° Sépar. p. 549.

être responsable et nous en avons donné les motifs. Mais dira-t-on si la femme a déjà manifesté des goûts de dépenses immodérées, la séparation de biens ne servira qu'à les favoriser puisqu'elle va lui rendre l'administration de sa fortune. Que ses goûts persistent, cela est non-seulement possible mais probable, mais qu'arrivera-t-il, c'est que, s'il y a lieu, il lui sera nommé un conseil judiciaire, mesure qui garantira suffisamment la conservation de sa dot.

Voyons maintenant plus spécialement dans quels cas sous les divers régimes matrimoniaux la dot pourra être déclarée en péril. Sous le régime de la communauté, nous dirons que ses propres eux-mêmes font partie de la dot dans le sens de l'art. 1443. Si donc le mari les dégrade en faisant par exemple des travaux très-nuisibles au sol, en aliénant les futaies, il y aura péril de la dot. Peu importe en effet que l'hypothèque légale puisse lui garantir en ce cas le paiement des créances que ces actes lui feront acquérir contre son mari, elle n'a pas seulement droit à des dommages-intérêts après la dissolution de la communauté; elle a le droit dès à présent à conserver sa chose elle-même, *rem ipsam*. Elle pourra donc demander la séparation de biens.

Mais supposons que le mari sans porter atteinte aux biens dont là femme s'est réservé la reprise, au cas de renonciation à la communauté, laisse périr les biens communs ou les aliène à titre onéreux, et en emploie le prix en folles dépenses. Ces biens tombés en communauté du chef de la femme, n'en constituent pas moins une dot; ils ont été apportés au mari pour

les faire fructifier et supporter les charges du ménage
et procurer ainsi à la femme et à ses enfants une
heureuse existence. Dès qu'ils ne sont pas employés à
l'usage auquel la loi les destine, ils perdent pour la
femme toute leur utilité. Elle doit être admise à
demander sa séparation de biens. Que l'on songe
d'ailleurs que beaucoup de femmes adoptent par contrat de mariage le régime de la communauté ou ce
qui revient au même, se marient sans faire de contrat;
leur fortune est-elle purement mobilière ? elle va tomber en entier dans la communauté, et voilà tout l'avoir
de la femme laissé à la discrétion d'un mari dissipateur, si elle ne peut obtenir sa séparation ; tandis que
si elle s'était réservé cette même fortune comme
propre par son contrat, on n'hésiterait pas à lui
accorder ce droit. D'un côté sa confiance serait punie,
de l'autre sa défiance récompensée ; aussi la jurispru
dence et la doctrine s'accordent-elles à lui reconnaître
dans notre hypothèse le droit de faire prononcer sa
séparation de biens [1].

Comme les fruits et revenus des propres de la
femme font partie de la dot et sont spécialement destinés à subvenir aux charges du ménage, la femme
pourrait demander la séparation de biens si le mari
les dissipait dans une telle mesure que les besoins du
ménage susceptibles d'être satisfait par l'emploi régulier de ces revenus ne l'étaient plus par suite
du mauvais usage qu'il en fait. Peu importe qu'il
les emploie à l'acquittement de ses propres dettes

[1] MM. Duranton. XIV. n° 403. Troplong II. n° 1521. Aubry et Rau
d'après Zach. t. IV. p. 331 note 9.

même antérieures au mariage. Qu'il les paie avec les biens de la communauté, il en a le droit; mais il ne peut les acquitter avec les revenus des propres de la femme en tant que cela l'empêcherait de subvenir aux besoins du ménage. S'il pouvait employer au paiement de ces dettes non-seulement les revenus des biens communs mais aussi la totalité des revenus des biens propres de la femme, quelle ressource resterait-il à la famille? Aussi la doctrine et la jurisprudence n'hésitent point généralement à reconnaître bien fondées les prétentions de la femme qui demanderait dans notre hypothèse la séparation de biens. Mais il nous paraît cependant difficile d'admettre avec un arrêt de la Cour de cassation du 17 mars 1847 que la femme doive être écoutée par cela seul qu'elle démontrera que par suite du désordre des affaires de son mari, il est à craindre qu'une partie notable des revenus de sa dot ne soit détournée de sa destination légale, bien que malgré cela le mari soit en état de subvenir aux besoins du ménage et que le recouvrement de ses reprises se trouve d'ailleurs suffisamment garanti.

Il faut donc décider avec Toullier que pourvu que le mari « entretienne sa femme et son ménage » convenablement, elle ne pourra se plaindre du mauvais emploi d'une partie notable de ses revenus. Il ne faut pas en effet que pour le moindre prétexte la femme soit reçue à critiquer en justice l'administration de

---

[1] Agen 28 juin 1832. Lyon 3 mai 1842. Riom 19 août 1848. Cass. 28 février 1842. Montpellier 20 *janvier* 1852. Grenoble 16 *mars* 1855. M. Troplong n° 1305. Rodière et Pont. n° 796.

son mari ; on arriverait véritablement à le mettre sous le joug de celle-ci.

Ce que nous venons de dire s'applique également sous le régime dotal, en ce sens que s'il disposait des revenus de la dot pour une cause quelconque dans une telle mesure que les besoins du ménage ne fussent plus satisfaits, la femme pourrait demander sa séparation. Mais quant à l'excédant des fruits et revenus dotaux sur les besoins de la famille il constitue pour lui un émolument dont il peut disposer à son gré sans que la femme puisse se plaindre [1].

Mais si sous ce régime la femme ne s'est rien constitué en dot, et s'il ne lui a rien été donné par contrat de mariage, elle n'a que des biens paraphernaux, ou bien encore si elle s'est mariée sous le régime de la séparation de biens, la voilà obligée aux termes des articles 1537 et 1575 C. N. en l'absence d'une clause contraire, de contribuer aux charges du mariage jusqu'à concurrence du tiers de ses revenus. Supposons maintenant que le mari au lieu d'employer aux besoins du ménage cette quotité de revenus qu'il a le droit d'exiger de sa femme pour cet usage, les dépense en prodigalités quelconques, de telle sorte qu'il ne soit pas convenablement pourvu à ces besoins, la femme ne pourra-t-elle pas demander la séparation de biens judiciaire, dans ce cas ? Mais dans quel but dira-t-on, puisqu'elle est déjà séparée contractuellement ? Dans le but de n'être plus tenue de verser entre les mains de son mari *le tiers* de ses revenus aux termes de

[1] MM. Aubry et Rau d'après Zachariæ IV, § 535 texte l° *in fine*.

l'art. 1537 et 1575 et même davantage en vertu d'une
clause partie au contrat, mais de contribuer désormais aux dépenses communes proportionnellement à
ses facultés et à celles du mari. Il résulte en effet d'un
considérant d'un arrêt de Rouen du 20 janvier 1859
que la femme séparée contractuellement pourrait dans
notre hypothèse demander la séparation des biens
judiciaire pour « faire déterminer autrement qu'elle
« ne l'est la quote part que l'époux (la femme) devra
« fournir pour les dépenses communes. » Cela n'est
pas exact. Il ne s'agit pas en effet de rendre à la
femme l'administration de sa fortune. Elle l'a déjà, il
ne faut pas confondre l'administration des biens avec
le règlement de la contribution aux dépenses du ménage. Il s'agit seulement de faire modifier par la justice la quotité de sa part contributoire. La séparation
de biens prononcée n'en dispenserait pas moins la
femme de verser entre les mains du mari sa part contributoire ; il la dissipera comme il dissipait aupara-
vant le tiers des revenus de la femme que lui assu-
rait leur contrat. Ce n'est donc pas dans la séparation
de biens judiciaire que la femme devra chercher un
remède à cette situation. Dans ce cas les tribunaux
usant de ce droit avec une extrême réserve pourront
l'autoriser à verser directement entre les mains des
maîtres de ses enfants, des divers fournisseurs ou
créanciers du ménage la somme jusqu'à concurrence
de laquelle elle est obligée par la loi (1537-1575) ou
par une clause du contrat de mariage, de contribuer
aux dépenses communes [1].

[1] Cass 6 mai 1835. Caen 8 avril 1851 *contrà* Riom 16 février 1853.

Une femme peut n'avoir apporté en dot à son mari ni meubles ni biens immobiliers, mais elle a une industrie, un talent qui peuvent procurer aux époux les ressources nécessaires pour subvenir convenablement aux besoins du ménage ; elle est peintre, artiste, ou comme disait Pothier « habile couturière, excellente brodeuse ; » peut-elle lorsque son mari en dissipe les produits au lieu de les appliquer à l'entretien des enfants et à l'alimentation de la famille demander la séparation de biens contre lui ? Aujourd'hui comme autrefois dans notre ancien droit, la généralité des auteurs et la jurisprudence s'accordent à déclarer sa prétention bien fondée [1].

La dot est en effet aux termes même de l'art. 1540 le bien apporté au mari pour supporter les charges du mariage. Or dans notre espèce c'est précisément le seul bien destiné par la femme à cet usage et certainement le plus digne de protection.

Mais supposons qu'une femme mariée sous le régime de la communauté n'apporte absolument rien en dot à son mari, pas même un talent, une industrie, qu'elle ne se livre en un mot à aucun travail productif. Mais en se mariant, son mari possédait une certaine fortune immobilière qui, sauf clause contraire, est tombée de plein droit en communauté, et dont la femme acceptante aura le droit à l'époque de sa dissolution de prendre la moitié. Peut-elle demander la séparation de biens en alléguant le péril que court dès

[1] Pothier *Comm.* n° 512. Roussilhe II, 475. MM. Duranton XIV, 400. Troplong n° 1319. Aubry et Rau d'après Zach. *op. cit* p. 331. Angers 16 mars 1808. Bruxelles 31 janvier 1838.

à présent, par suite du désordre survenu dans les affaires de son mari, sa part éventuelle dans le fonds commun? Les termes de l'article 1443 nous autorisent à adopter l'affirmative. La dot de la femme consiste ici dans le *droit* de partager les biens communs lors de la dissolution de la communauté. Or la séparation de biens est destinée à lui garantir le recouvrement de ses *droits et reprises*, (art. 1443 in fine) [1].

La séparation de biens peut-être demandée par cela seul que le dérangement des affaires du mari donne des craintes sérieuses pour le recouvrement des reprises de la femme, bien qu'il soit actuellement pourvu d'une manière convenable aux dépenses et à l'entretien de la famille. Mais cette insuffisance des biens du mari pour la couvrir éventuellement de ses reprises ne peut être alléguée par la femme qu'autant qu'elle n'existait pas déjà à l'époque de la célébration du mariage [2]. Elle a épousé un mari pauvre et s'est fiée à lui. La loi elle-même approuve cette marque de confiance en le dispensant de donner caution pour la réception de la dot, (1550 C. N.); comment se plaindrait-elle aujourd'hui que la situation est la même. Mais si à cette situation primitive venaient s'ajouter postérieurement, l'inconduite du mari et des dissipations qui non-seulement augmenteraient le danger du recouvrement intégral de ses reprises, mais englouti-

[1] Sic Lebrun. *Traité de la Communauté*, L. 14. chap. Ier, n° 35. Conf. Marcadé art. 1448 n° 1. Rodière et Pont, II, 800 *contrà* Aubry et Rau d'ap. Zach. IV, § 516 texte 2° note 9.

[2] MM. Troplong II, 1329. Rodière et Pont II, 797. Aubry et Rau d'après Zachariæ IV, p. 332, note 12. Cass 2 juillet 1851.

raient dès à présent la portion de revenus nécessaire aux besoins du ménage, elle pourrait demander la séparation de biens contre lui ; et peu importerait même que ces habitudes de dissipation, de folles dépenses, existassent déjà au moment de la célébration du mariage et qu'elles fussent alors connues de la femme ; car elle devait espérer qu'elles cesseraient au moment où il la prendrait pour épouse. Comment pourrait-il puiser une fin de non recevoir dans ses propres vices et serait-il écouté *propriam allegans turpitudinem* [1].

Quant aux circonstances, aux symptômes qui pourront faire présager l'insuffisance des biens du mari pour remplir la femme de ses droits et reprises, ce sont là autant de faits laissés, en principe, à l'appréciation des tribunaux. Parcourons seulement quelques espèces qui ont plus particulièrement attiré l'attention des auteurs et des tribunaux. On se demandait dans notre ancien droit comme aujourd'hui si la saisie immobilière des biens du mari suffisait pour motiver une séparation, et la jurisprudence des parlements de Pau et de Bourgogne adoptait l'affirmative [2]. Il est bien vrai que le plus souvent une saisie fait présumer l'insolvabilité du débiteur, cependant on ne peut pas poser en thèse générale que les tribunaux devront dans ce cas nécessairement déclarer la dot de la femme en péril. Ils auront un large pouvoir d'appréciation ; c'est ainsi que le saisi n'ayant point d'argent

---

[1] En ce sens MM. Troplong n° 1330. Dallos *jurisp. génér.* V° *contr. de mariage* 1652. Rodière et Pont, 797, n° 4.

[2] Merlin V° Sép sect. II, § 1. n° 9.

disponible, a pu par répugnance ou par des faits indépendants de sa volonté être empêché d'emprunter. Il
se peut d'ailleurs que malgré cette saisie il offre à la
femme dans le reste de ses biens des sûretés plus que
suffisantes pour ses reprises, ou qu'il puisse même
obtenir la main levée de la saisie. Encore une fois, le
juge appréciera[1]. Au surplus, bien que le mari n'ait
pas encore été poursuivi par ses créanciers, qu'aucune
saisie n'ait été pratiquée contre lui, le juge n'en pourra
pas moins déclarer la dot en péril, si le mari qui a peu
d'immeubles sur lesquels puisse s'exercer l'hypothèque légale de la femme dissipe chaque jour une partie
de son capital mobilier, en jeux de bourse, en dépenses
de luxe, par exemple, de sorte que les reprises de la
femme ne se trouveront bientôt plus suffisamment
garanties par ce qui lui reste ; bientôt, disons-nous,
car il n'est pas nécessaire d'attendre que le mari ait
complètement dissipé les sûretés qui garantissent la
fortune de sa femme, il suffit qu'il tende à ce résultat
« *Viro incohante male substantia uti* » disait la novelle 97, et c'était aussi comme nous l'avons déjà
observé l'avis de Godefroy « *cum maritus vergit ad
inopiam* » et celui de tous nos anciens auteurs. Il ne
faut pas attendre que les progrès du mal l'aient rendu
incurable.

On s'est demandé si l'emploi des sommes dotales
ayant été stipulé par contrat de mariage, la femme
pourra demander la séparation de biens, par cela seul
que le mari n'exécute pas cette obligation ; mais on

[1] Zachariæ, Aubry et Rau. op. cit. p. 332. Cass. 6 juillet 1847.

9

n'hésitera pas à penser que cela seul ne suffirait pas pour justifier la demande de la femme et c'est bien ce que disait autrefois Roussilhe qui citait des arrêts ayant jugé différemment la question « ce sont les circonstances qui doivent décider » [1].

Il faut en définitive toujours examiner si la dot est oui ou non en péril, et il se peut très-bien que nonobstant le défaut d'emploi, la fortune de la femme soit suffisamment garantie. Le mari peut avoir beaucoup d'immeubles, il a pu attendre pour faire l'emploi stipulé une occasion favorable qui ne s'est pas présentée; de quoi donc se plaindrait la femme? Il ne faut pas oublier que la séparation de biens ne peut pas être demandée pour le seul motif que une des obligations du mari stipulées dans le contrat de mariage n'aurait pas été exécutée. On ne peut appliquer au contrat de mariage comme aux contrats ordinaires les principes des articles 1134 et 1188 C. N. et la séparation de biens ne peut-être demandée que dans les cas prévus par l'art. 1443 [2].

C'est encore une question controversée que celle de savoir, si, lorsque la femme argumente des désordres des affaires maritales pour démontrer le péril de sa dot, le mari pourrait faire repousser sa demande en séparation, en offrant pour garantie le cautionnement hypothécaire d'un tiers ou toute autre sûreté suffisante. Nous dirons comme Godefroy; *satis enim*

[1] Roussilhe, *Traité de la dot*, t. 2. p. 50.

[2] Conf. Pothier n° 511. Boussilhe t. 2. n° 476. Merlin V° sép. de biens sect. 2, 1, n° 6. Dalloz n° 1660. Troplong n° 1332 *contrà* Toullier t. 13 n° 31. Paris 28 juin 1853.

— 135 —

locuples, videtur qui caveti donca[1]. En effet, qu'importe à la femme la nature des garanties qui lui sont offertes pourvu qu'elles soient jugées suffisantes pour faire disparaître le péril de la dot ; la loi n'exige pas davantage. Mais nous supposons, bien entendu que le mari malgré le dérangement de ses affaires est encore en état de subvenir convenablement aux besoins du ménage et à l'entretien de sa femme ; car peu importerait à la femme que la restitution de sa dot lui fut assurée si actuellement elle devait vivre de privation et dans le dénûment Cette observation semble justifier, l'arrêt de la cour de cassation du 27 août 1847 contraire au premier abord à cette doctrine.

Nous avons reconnu dans nôtre exposition des principes de l'ancien droit sur la séparation de biens, qu'elle pouvait résulter d'après nos anciens auteurs, Pothier, Roussilhe, Lebrun, Renusson, etc., et d'après la jurisprudence d'alors, de l'interdiction judiciaire du mari. Aujourd'hui les avis sont partagés. Plusieurs jurisconsultes enseignent que le système de l'ancien droit doit encore être suivi sous le Code Napoléon. Nous croyons cependant avec le tribunal de Reims qui l'a ainsi jugé le 8 février 1861 que cette doctrine n'est pas conforme soit aux textes soit à l'esprit de la loi.

Et d'abord, quelles sont les raisons que l'on a fait valoir à l'appui du système que nous combattons ?

Si la femme dit-on a choisi un régime matrimonial

---

[1] Godefroy sur la loi 24 *sol. matr.* Dig. M. Troplong n° 1328 *contra* MM. Massé et Vergé sur Zachariæ t. 4 page 140. note 11.

d'après lequel l'administration de ses biens appartient à
son mari, elle ne s'est ainsi démise du droit de gérer
elle-même son patrimoine qu'eu égard à la personna-
lité de son époux. Donc s'il vient à être interdit, elle
ne peut être forcée de voir passer entre les mains d'un
tuteur et d'un conseil de famille les pouvoirs d'administration qu'elle n'a entendu confier qu'à lui seul ;
qu'on lui accorde donc le droit de demander dans ce
cas la séparation de biens ; non-seulement sa prétention est dit-on conforme à l'équité mais elle n'est point
contraire aux textes de la loi. En effet la communauté est une espèce de société et on doit lui appliquer en principe les règles mêmes de la société. Or,
d'après l'art. 1865, la société est dissoute par l'interdiction d'un des associés ; par analogie l'interdiction
du mari donnera à la femme le droit de demander la
dissolution de la communauté. — Enfin, dit-on, il ne
faut pas s'arrêter à la lettre de l'art. 1443, au premier
abord contraire à cette doctrine. Ne s'écarte-t-on point
d'ailleurs de son sens *littéral*, lorsqu'on admet, au moins
généralement, que si le tuteur nommé au mari interdit
administre mal et que la dot de la femme se trouve
saisie en péril? elle pourra demander la séparation de
biens contre lui et cependant, dit-on, l'art. 1443 ne
parle que de la mauvaise administration du mari.
Malgré ces considérations, nous croyons que l'interdiction judiciaire du mari n'est pas par elle seule une
cause de séparations de biens, alors même que la
tutelle du mari serait confiée à un étranger. Il
faut bien reconnaître qu'autrefois la doctrine
que nous combattons était unanimement accep-

tée par les auteurs; mais l'argument tiré des précédents peut être considérablement affaibli par cette observation que dans notre ancien droit les causes de séparation de biens n'avaient point été limitées par un texte précis comme aujourd'hui, par l'art. 1443, qui, malgré l'imperfection de sa rédaction, laisse au moins se dégager clairement ce principe que la seule cause de séparation de biens est le péril de la dot; tandis que nous avons vu combien les textes des coutumes étaient incomplets et peu précis, quand elles n'étaient pas absolument muettes sur cette matière. Si on appliquait le droit romain c'était comme raison écrite[1], et les magistrats jugeant d'après la raison écrite, et non plus d'après une véritable loi dont la violation eut exposéà la cassation leurs sentences, devaient nécessairement user plus largement de leur pouvoir d'appréciation au sujet des causes de séparation de biens alléguées par les femmes. Aussi n'était-on pas allé dans notre ancien droit jusqu'à motiver des séparations de biens sur la jalousie du mari ! comme le rapporte Roussilhe qui cite un arrêt du mois de juin 1641 rendu en ce sens[2]! Mais aujourd'hui en présence de l'art. 1443 et de l'art. 1562 une demande en séparation de biens motivée sur l'interdiction du mari doit évidemment être repoussée, car, en définitive, il faut toujours aux termes de ces articles en revenir à cette seule question : la dot est-elle, ou n'est-elle pas en péril ? car la sépara-

[1] Sauf dans les Coutumes qui pour les cas non prévus renvoyaient expressément au droit romain et elles étaient en très-petit nombre Voy. Merlin V. *autorités*.

[2] Traité de la dot II. p. 52.

tion de biens n'est pas destinée à remédier à un autre
mal. Eh bien ! de deux choses l'une : ou la femme
sera nommée tutrice de son mari parce que le conseil
de famille la jugera capable d'administrer, et elle
gérera alors les biens de son mari et ses propres
biens, et dans cette hypothèse elle serait malvenue à
prétendre que sa dot est un danger, puisqu'elle a bien
voulu se charger de l'administrer ; ou bien, si elle se
reconnaît incapable de gestion un tiers sera nommé
tuteur de son mari ; il gérera bien ou il gérera mal ;
au premier cas de quoi se plaindrait la femme, puisqu'elle reconnaît que sa dot n'est pas en péril ? mais
elle invoquera dit-on, un autre motif ; elle a été trompée dans ses espérances, elle s'est démise de son droit
d'administration en se mariant, en faveur de son époux
et non en vue d'un étranger auquel elle ne porte aucun
intérêt. Si elle avait à se remarier, elle choisirait le régime de séparation de biens : nous répondrons que
beaucoup de femmes si elles avaient à se remarier
modifieraient profondément les clauses de leur contrat primitif ; mais est-ce que la loi a dit quelque part
qu'elles pourraient demander la séparation des biens
toutes les fois qu'elles seraient déçues dans leurs
espérances même les plus chères ? la séparation de
biens n'est pas destinée à porter remède à toutes les
infortunes conjugales. Elle est trompée, c'est vrai ! par
les événements au moins ; mais n'y a-t-il pas une
foule d'autres situations plus douloureuses pour la
femme, et cependant le législateur a-t-il cru qu'elles
dussent appeler son intervention. Voilà par exemple
une femme épousant un forçat libéré sans le savoir et

dans la doctrine aujourd'hui presque généralement
acceptée, elle, ne pourra demander la nullité de son
mariage.

Nous pourrions citer bien d'autres hypothèses qui
ne soulèvent même point les controverses que celle-
ci a fait naître et cependant le législateur n'a pas cru
devoir intervenir pour y porter remède ; et par cela
seul que la femme d'un interdit ne voit plus ses biens
gérer par celui à qui elle les avait primitivement
confiés le législateur aurait cru devoir lui permettre
de porter atteinte à l'immutabilité du contrat de mariage
en autorisant dans l'espèce sa séparation de biens ! Il
ne faut pas oublier en effet que la loi a posé en principe
l'immutabilité des conventions matrimoniales et ne
permet d'y déroger que dans les cas limités ; et puisque
ces dérogations sont des exceptions ; on ne peut pas
les étendre à d'autres cas, quelles que soient les
considérations qu'on puisse invoquer ; nous croyons
en effet très-sage cette maxime de Cujas : « *in his quæ*
« *scripto palam comprehensa sunt etiamsi prædura*
« *videantur judex à scripto recedere non potest* [1]. »

Mais, du reste, ces considérations sont-elles bien
fondées ? N'oublie-t-on pas le sort que l'on fait d'un
autre côté au mari ? Par un événement indépendant
de sa volonté il va se trouver privé lui aussi d'avantages sur lesquels il avait dû compter en se mariant.
En possession d'une fortune exclusivement mobilière,
il a, par exemple, en adoptant le régime de la communauté, épousé une femme qui n'avait pour tous

[1] Cujas in lit. 1, l. 2 *De fend.*

biens que des espérances de successions mobilières destinées à tomber dans la masse commune. Il l'a épousé sans fortune actuelle, comptant sur sa part dans ces successions comme
époux commun en biens ; il est interdit ; la femme
dans l'opinion que nous combattons ; demande et obtient
la séparation de biens avant l'ouverture de ces successions attendues ; postérieurement le mari est relevé
de son interdiction, et voila la femme ayant pris
d'abord la moitié des biens du mari tombés de son chef
en communauté, conservant d'un autre côté exclusivement les successions mobilières à elle échues depuis cette
séparation. Le mari n'est-il pas plus trompé dans ses
espérances (et cela sans faute) que la femme obligée de
subir l'administration d'un tuteur étranger qu'elle
n'avait pu prévoir en se mariant?

Mais voici une hypothèse plus grave pour la femme.
Le tuteur gère mal. Eh bien ! s'il met la dot réellement
en péril, elle pourra demander la séparation de biens
contre lui ; mais cette solution, disent nos adversaires,
est cependant contraire au texte littéral de l'art. 1443
qui suppose le désordre du mari, et pourtant on
est forcé de l'admettre sans s'arrêter à la lettre de
l'article 1443. Nous répondons que les affaires du mari
gérées par un tuteur qui le représente toujours dans
les affaires du mari ; il n'est pas même nécessaire que
ce désordre provienne de lui ou de son représentant
car nous avons admis qu'il suffisait qu'il provint même
d'un cas fortuit ; peu importe donc que ce soit le
tuteur du mari interdit ou le mari lui-même qui mette
la dot en danger.

Quant à l'argument tiré de l'art. 1865 il ne nous paraît pas décisif, cars'il prouvait quelque chose il prouverait trop.

En effet puisque une société est dissoute de plein droit, (1865) par l'interdiction d'un des associés, il faudrait dire que la communauté sera aussi dissoute *de plein droit* par l'interdiction du mari ; or, l'art. 1441 ne mentionne pas cette cause de dissolution. Et d'ailleurs, cette analogie entre la société civile et la communauté conjugale est-elle bien exacte? la plupart des modes de dissolution de la société sont inapplicables à la communauté (1865), l'arrivée du terme convenu, la volonté d'un seul même des associés, etc. De plus, un des éléments essentiels de toute société, c'est la vue de bénéfices à réaliser, un but de spéculation (1832); or, peut-on dire que les époux se marient en communauté pour spéculer; et sous le régime sans communauté et le régime dotal sous lesquels la séparation des biens peut intervenir comme sous le précédent on serait bien obligé d'écarter dans tous les cas, cet argument tiré de l'article 1865. Le régime de la communauté amène la confusion du côté de chaque époux d'une partie de leurs biens, parallèle en quelque sorte à l'union des personnes; ils veulent solidariser l'avenir de leur fortune comme leur propre destinée ; mais cette masse commune de biens n'a pas assez d'analogie avec la société pour lui appliquer l'art. 1865, alors surtout que la question a été spécialement résolue par l'article 1543. Il faut donc s'en tenir au système généralement admis dans la doctrine et récemment consacré par le tribunal de

Reims, dans son jugement du 8 février 1861 [1].

L'interdiction légale du mari ne peut pas davantage motiver une demande en séparation de biens; car si le mari est ici en faute, il faut observer avec MM. Aubry et Rau que cette faute n'a aucun rapport avec l'administration des biens de la femme, et par elle-même l'interdiction ne met pas la dot en péril.

Toutefois la femme pourrait arriver indirectement à se faire séparer de biens en demandant pour injure grave sa séparation de corps, laquelle entraînerait accessoirement la séparation de biens [2].

Quant à la faillite, bien que quelques auteurs modernes [3] aient écrit en se fondant sur l'opinion d'anciens jurisconsultes [4] qu'elle opérait de plein droit la séparation de biens, c'est là certainement une erreur échappée à ces savants interprètes de la loi. Tout ce qu'on peut dire c'est qu'à l'égard des créanciers de la femme et sous certains rapports que nous examinerons (infrà p. ...) la communauté est censée dissoute (1446) ; mais il est inexact de prétendre que la faillite la dissolve de plein droit. Certainement la femme obtiendra en ce cas sans difficulté sa séparation de biens ; mais il faut qu'elle la demande et si les art. 557 et s. du Code de Comm. parlent *du droit de la femme en cas de faillite*, c'est qu'on suppose qu'elle a de-

---

[1] MM. Aubry et Rau d'après Zach. tit. iv, p. 332, Duranton, III. n° 754 Demolombe viii n° 614, Lyon, 20 juin 1845, *contrà* MM. Rodière et Pont, op. cit. II 803. Demangeat *Revue pratique*, t. xi, p. 251 et s.

[2] MM. Aubry et Rau d'ap. Zachariæ iv, p. 332, note 17,

[3] MM. Rhodière et Pont, op. cit. n° 804.

[4] Roussilhe, Lebrun, etc., voy. suprà 1re partie.

mandé sa séparation, mais non pas que la faillite l'entraîne de plein droit[1]. Pourquoi d'ailleurs aurait-on
obligé la femme à faire modifier malgré elle ses conventions matrimoniales primitives et l'empêcherait-on
de sacrifier ses intérêts pécuniaires à son mari et à sa
considération ; ou si sa vertu ne va pas jusque-là, et
si elle espère bénéficier de riches successions mobilières auxquelles son mari est éventuellement appelé
ne lui aurait-on pas souvent imposé un sacrifice
rigoureux en déclarant la communauté dissoute de
plein droit à son égard par la faillite de son époux.

Aux causes de séparation de biens que nous venons
d'énumérer, faut-il ajouter l'absence prolongée du
mari ?

Nous ne croyons pas que l'absence même déclarée
du mari soit par elle-même une cause de séparation
de biens. Le sentiment de nos anciens auteurs et
entr'autres de Roussilhe[2], d'après lequel cinq ans
d'absence autorisaient la femme à demander la séparation de biens, doit donc être abandonné aujourd'hui. En
en effet pendant la période de présomption d'absence,
qu'arrivera-t-il si les biens de la femme que le mari
était chargé d'administrer, ou si les biens propres de
ce dernier sont en souffrance par suite de sa dispari-
tion ? La femme aura qualité pour provoquer des mesures conservatoires non-seulement à l'égard de ses
propres biens, mais aussi à l'égard de ceux de son
mari dont les revenus sont destinés à l'acquittement
des dépenses du ménage et à l'entretien de la famille.

[1] M. Valette, Cours 1864.
[2] Roussilhe t. II n° 480.

Le tribunal pourra même, s'il l'en reconnaît capable en confier l'administration provisoire à la femme [1]. Si le mari a laissé un mandataire général et si ce mandataire ne remplit pas fidèlement sa mission et met la dot en péril par sa mauvaise gestion, la femme aura qualité pour le faire révoquer par la justice.

L'absence vient a être déclarée ; le contrat de mariage est provisoirement dissous à moins que communs en biens, la femme n'opte pour la continuation de la communauté. Ainsi, ou bien l'envoi provisoire est prononcé, ou bien, la femme demande la continuation de la communauté; mais il n'y a pas place pour un troisième parti qui consisterait à demander sa séparation de bien pour obtenir dès à présent une dissolution définitive de la communauté. En vain dirait-elle qu'elle y a un grand intérêt pour empêcher par exemple que les biens communs ne se trouvent affectés à son insu et pendant l'absence de son mari à des dettes onéreuses qu'il pourrait contracter loin de sa famille. La séparation de biens est une mesure trop grave pour que les juges puissent prononcer en dehors des termes précis par loi.

CHAPITRE II

Qui peut demander la séparation de biens

La femme seule en principe peut demander la séparation de biens; le mari ne le peut jamais, et les

[1] T. Demolombe, *Traité de l'absence*, p. 394.

créanciers personnels de la femme ne peuvent invoquer l'art. 1466 pour exercer le droit de leur débitrice. Le législateur a pensé, disent certains auteurs, qu'il était raisonnable de faire taire les prétentions de ses créanciers d'exercer ce droit, lorsqu'elle est assez vertueuse pour sacrifier ses intérêts pécuniaires à l'affection de son mari. Ce motif n'est pas satisfaisant car si la femme y gagne l'affection et la reconnaissance de son mari, les créanciers y perdent le gage de leur créance sans aucun dédommagement. Mais il y a un second motif plus puissant ; Le remède de la séparation de biens ayant toujours des conséquences fâcheuses pour la paix du ménage, il importait de ne le point laisser entre les mains de ceux qui auraient pu en faire un abus d'autant plus dangereux, qu'ils ne seraient pas arrêtés comme la femme par de hautes considérations morales ; or, permettre aux créanciers d'en faire usage, c'eût été leur donner l'occasion de critiquer pour le moindre prétexte l'administration du mari, de le mettre en butte à des tracasseries incessantes, irréfléchies, toujours funestes à la paix du foyer et à son crédit. Il est bien vrai que cette concorde des époux sera assurée un peu à leurs dépens, mais il y avait là un intérêt social considérable qui devait primer le leur.

Par dérogation au principe que la femme seule peut demander la séparation de biens, la loi permet à ses créanciers d'intenter une demande de ce genre avec le consentement de celle-ci toujours maîtresse d'accorder ou de refuser son consentement. Les créanciers agiront donc alors non pas en vertu de l'article 1166,

mais comme ses mandataires, aussi rigoureusement
parlant pourrait-on, ne pas voir ici une véritable
exception à la règle.

Non-seulement la femme est maîtresse de consentir
ou de s'opposer à l'exercice de cette action de leur
part, mais elle peut aussi, au consentement déjà donné
et le procès engagé, se rétracter, et arrêter ainsi l'instance en séparation. Mais au moins ne doit-elle pas
dans ce cas, indemniser les créanciers des frais faits
par eux inutilement ? Nous ne le croyons pas en principe, et nous pensons qu'elle ne devrait les indemniser qu'au cas où elle aurait retiré son consentement
par fraude ou tout au moins malicieusement et par
le résultat d'un pur caprice. Cela nous paraît résulter de
la nature sui generis du mandat qu'elle leur a confié, le
plus souvent sur leurs pressantes sollicitations. Il n'ont
pu compter agir qu'à leurs risques et périls ; il était
sous-entendu, tacitement convenu (art. 1156 C. N.)
que, pour des motifs d'un ordre moral supérieur à
leurs intérêts pécuniaires, elle resterait maîtresse
d'arrêter à son gré l'action dont elle leur avait confié
l'exercice, et sa volonté ne doit pas se trouver enchaî-
née par la crainte de supporter des frais faits par ses
créanciers, au cas où elle se repentirait d'avoir consenti. Elle n'a jamais entendu perdre directement ou
indirectement le droit de se rétracter [1].

L'art. 1446 C N. indique une seconde exception au
principe que la femme peut seule former une demande
en séparation de biens contre son mari. Lorsqu'il est

_____

[1] M. Troplong n° 1393. contrà MM. Rodière et Pont. t. 2 n° 811.

en état de faillite ou de déconfiture, les créanciers de la femme peuvent, la communauté étant fictivement considérée par la loi comme dissoute à leur égard, exercer jusqu'à concurrence de ce qui leur est dû, et malgré le refus du consentement de leur débitrice, tous les droits qu'elle pourrait exercer en la supposant renonçante à la communauté. La loi a voulu que ses créanciers ne fussent point exposés à se trouver victimes d'une collusion possible entre la femme et le mari ou les créanciers du mari en état de déconfiture ou de faillite ; mais, il importe de remarquer que cette dissolution fictive de la communauté n'a lieu qu'à l'égard et dans l'intérêt des créanciers de la femme ; car vis-à-vis d'elle et dans ses rapports avec son mari la communauté continue à subsister. Elle reste donc toujours maîtresse de l'accepter ou de renoncer lors de sa dissolution effective ; mais en cas d'acceptation elle sera obligée de lui tenir compte de la valeur du mobilier dont elle s'était réservé la reprise en cas de renonciation et qui a déjà été prélevée par ses créanciers par suite de l'exercice du droit que leur accorde l'article 1446.

Quant à eux, ils pourront, profitant de la fiction légale établie en leur faveur, exercer les mêmes droits dont leur débitrice eut pu se prévaloir en supposant qu'elle eut demandé la séparation de biens et renoncé à la communauté. Donc ils pourront exercer la reprise de ses immeubles propres, de ceux acquis en remplois ou des récompenses qui lui sont dues par la communauté ; et après l'arrêt de cassation (ch. réunies) du 16 janvier 1858 il est presque inutile d'observer

que en dehors des garanties que leur donne l'hypothèque légale de la femme sur les immeubles (2135
C. N.) pour le recouvrement de ses créances, ils n'ont
sur les biens de la communauté aucun droit de préférence contre les autres créanciers [1]. Ils viendront
avec les créanciers du mari au marc le franc de la
créance de leur débitrice. La femme s'est-elle réservé par son contrat, le droit de reprendre son apport
mobilier franc et quitte en cas de renonciation (art.
1514), ils pourront exercer ce droit comme elle aurait pu le faire elle-même. Ils pourront intervenir en
son nom dans les opérations de la faillite, se faire
colloquer de son chef à son rang et se faire payer sur
le montant de cette collocation. Ils pourront la réclamer sur le prix des conquets de la communauté [2] comme
sur le prix des immeubles propres du mari ; et comme
ils exercent les droits de leur débitrice de la manière
qu'elle aurait pu elle-même les exercer en renonçant
à la communauté après sa dissolution, ils pourront
poursuivre le paiement de leurs créances non-seulement sur la nue-propriété des biens de la femme qu'ils
ont repris en nature, mais aussi sur l'usufruit de ces
mêmes biens, et d'un autre côté ils ne seront pas tenus
de laisser au mari ou à ses créanciers les intérêts des
sommes pour lesquelles ils se seront fait colloquer.
Des auteurs soutiennent, il est vrai, qu'ils ne peuvent
jamais prétendre aux revenus des biens dont ils exercent la reprise et que ces revenus doivent rester dans la

[1] Voy. *Revue pratique* le remarquable article de M. Valette sur la
question des reprises de la femme. T. IV p. 529.
[2] Colmar 20 novembre 1855, Cass. 4 février 1856.

caisse commune comme gage des créanciers du mari;
mais cela ne nous paraît pas exact, et de ce que la loi
leur donne le droit d'exercer, comme elle aurait pû
le faire en renonçant, les droits de leur débitrice, ils
doivent pouvoir le faire sans restriction, et dans la
même étendue. Aussi nous croyons avec MM. Aubry et
Rau que « l'état de déconfiture ou de faillite du mari
« établissant un conflit direct entre ses créanciers
« et ceux de la femme, l'équité s'oppose à ce
« qu'il retienne au détriment de ces derniers des
« revenus que les premiers seraient autorisés à
saisir [1]. »

On s'est demandé si les héritiers de la femme décédée pendant l'instance en séparation de biens pouvaient reprendre et continuer cette instance ; nous
le croyons, car l'action en séparation de biens est
purement pécuniaire ; elle a pour but la conservation
de la fortune de la femme ; ses créanciers ne peuvent
pas en principe l'intenter pendant sa vie, de son chef,
comme une action ordinaire, parce qu'il y avait avant
tout la paix du ménage à sauvegarder, mais, une fois
décédée, alors que cette considération ne peut plus
s'élever, pourquoi ses héritiers, succédant à tous ses
biens, ne succéderaient-ils pas aussi au droit qu'avait
la femme de continuer une instance, dont le but était
de garantir la conservation de ces mêmes biens, et
d'obtenir un jugement dont l'effet rétroagira au jour

[1] MM. Aubry et Rau d'après Zacharie t. IV, p. 550 note 6. — Marcadé art. 1446 et 1447. *Contrà* Rodière et Pont II. 809. Duranton XIV,
n° 420-421.

de la demande par elle formée. [1] Ses créanciers pourraient également continuer après sa mort une instance
en séparation de biens par elle [2] engagée.

Lorsque la femme était mineure on exigeait dans
l'ancien droit qu'elle fut pourvue d'un curateur pour
agir en séparation de bien contre son mari ; et il était
d'usage au Châtelet de Paris, d'investir le procureur
de la femme de cette qualité [3]. Mais aujourd'hui nous
croyons qu'elle pourra non-seulement former sa demande en séparation de biens avec la seule autorisation
de président du tribunal, mais qu'elle pourra même
une fois la séparation de biens prononcée recevoir
sans l'assistance d'un curateur étranger, le remboursement de ses reprises [4].

CHAPITRE III

De la prohibition des séparations de biens volontaires pendant le mariage

La séparation de biens ne peut pendant le mariage
s'opérer par le consentement mutuel des époux. Ils ne
pourraient pas davantage s'en remettre à des ar-

[1] et [2] MM. Aubry et Rau d'après Zacharie § 516 note 2 Troplong
n° 1395. Marcadé sur l'art. 1447 2°.

[3] Denisart, 20 sept. n° 35. Roussilhe t. II. p. 63 n° 486.

[4] MM. Chauveau et Carré, quest. 2932. Toullier XIII, n° 43. *contrà*
Rodière et Pont, n° 719. Troplong. n° 1351. Bellot des Minières
contrat de mariage t. II. p. 101.

bitres ». Elle doit nécessairement être prononcée en
justice ; c'est ce qui résulte des art. 1443 C. N. 870,
1004, 84 du Code de procédure. Les motifs qui pa-
raissaient avoir inspiré cette solution au législateur sont
les suivants : 1° La séparation de biens modifie profondément la situation pécuniaire respective des époux
telle que la leur avait primitivement faite leur contrat
de mariage, ou la loi, au cas où il se seraient mariés
sans faire de contrat, (art. 1393. C. N.) et les tiers
seront d'autant plus portés à contracter avec les époux
qu'ils pourront compter davantage sur l'immutabilité
de pacte matrimonial assurant à leur débiteur des bénéfices peut-être considérables qu'il ne dépendra pas
de sa seule volonté de leur enlever. Le crédit public
est donc déjà intéressé à faire proscrire pendant le
mariage les séparations volontaires. 2° Il ne fallait pas
laisser les créanciers des époux exposés aux résultats
dangereux d'une séparation frauduleusement concer-
tée pour les priver de biens qu'ils avaient regardés
comme la garantie de leurs créances. 3° Il ne fallait
pas enfin, donner aux époux, le moyen de se faire indirectement par une séparation de biens volontaire des
avantages défendus par la loi. De tout cela il résulte
que la nullité qui frappe la séparation des biens volontaire est absolue et peut être invoquée par toute
personne intéressée. Mais supposons qu'on fait, les
époux se soient d'un commun accord séparés de biens

¹ On a bien pu décider le contraire sous la loi du 24 août 1790
qui autorisait le compromis entre époux. Mais sous le Code cela
n'est plus possible; on ne peut compromettre sur des objets dont on
ne peut librement disposer. (1003-1004, C. Pr. C.).

et que le mari eut restitué la dot à sa femme, pourra-t-elle lors de la dissolution affective du pacte matri-monial invoquant la nullité de la séparation de biens volontaire antérieurement effectuée, réclamer de nou-veau les reprises auxquelles elle a droit en vertu de son contrat de mariage, sans tenir compte au mari de la restitution de la dot à elle faite par anticipa-tion. L'affirmative doit en principe être suivie, sauf un tempérament commandé par l'équité ; en agissant contre le mari ou ses représentants, elle devra tenir compte des valeurs déjà reçues de son mari, existant encore entre ses mains ou dont elle aurait profité 1241 C. N. [1].

Du moment que la séparation de biens a été pro-noncée par un jugement, peu importe que ce soit un jugement par défaut auquel le mari aurait acquiescé ; on ne pourra voir là une séparation volontaire. Il en serait de même si le mari ayant fait appel d'un juge-ment qui prononce la séparation de biens contre lui, ou opposition a un pareil jugement rendu par défaut se désistait de son appel ou de son opposition [2]. Comme nous le verrons dans le chapitre suivant, l'aveu du mari ne fait pas preuve (870 Pr. c.) en matière de séparation de biens. Mais l'acquiescement et le désistement dont nous venons de parler ne doivent pas être mis sur le même rang que l'aveu du mari proprement dit.

---

[1] MM. Aubry et Rau, t. IV. p. 327 § 515. Tessier, *de la dot*, t. II, p. 229 et s. Toullier. XIV n° 262, Lyon 17 décembre 1830. Grenoble. 28 août 1847.

[2] Aubry et Rau IV. p. 327 et p. 168 note 12.

CHAPITRE IV

De la demande, de l'instance et du jugement de séparation de biens

Puisque la séparation ne peut, durant le mariage, s'opérer qu'en justice, nous allons examiner la procédure que la femme devra suivre; quelles formalités devront précéder et accompagner le jugement; quelles mesures conservatoires la femme pourra prendre pendant le procès pour sauvegarder ses intérêts, comment les créanciers des époux pourront intervenir dans l'instance ou attaquer le jugement déjà prononcé et à quelles conditions; quels seront enfin les effets rétroactifs de ce jugement.

§ 1er

Des formalités qui précèdent et accompagnent le jument de séparation de biens

La femme devra adresser tout d'abord au président du tribunal du domicile de son mari, une requête à l'effet d'être autorisée à former sa demande en séparation de biens. Le président, sans pouvoir refuser son autorisation, pourra néanmoins avant de la donner faire à la femme les observations qui lui paraîtront convenables pour empêcher s'il y a lieu le procès (article 865 C. Pr. c.) De là il semble bien résulter que, dans le vœu de la loi, la femme devrait présenter elle-même sa requête : cependant, d'après l'usage de

là pratique, la femme se fait dans cette opération re-
présenter par un avoué, et on se fonde pour le justifier
sur l'art. 78, § 10 et § 19 du tarif civil, qui suppose
que cette requête est faite par un avoué et qu'il a droit
à un émolument pour prendre l'ordonnance du président en réponse (§ 19).

Armée de l'autorisation de ce dernier, la femme
pourra, par assignation signifiée à son mari avec copie
de la requête et de l'ordonnance du président, former
sa demande en séparation de biens contre lui sans
préliminaires de conciliation (art. 49 1° C. Pr. c.),
conséquence naturelle de la nullité des séparations de
biens volontaires. Si le mari était en état de faillite au
moment où la femme veut demander sa séparation de
biens, elle devrait former sa demande contre les syndics. Ils ont qualité pour défendre à cette action (443,
C. comm.) Le failli pourra toutefois demander à intervenir dans l'instance s'il croit y avoir intérêt [1]. Si
la demande de la femme avait été formée contre le
mari avant la déclaration de faillite, elle devrait, pour
que le jugement de séparation de biens fut exécutoire
contre la masse des créanciers, mettre les syndics en
cause pour continuer cette action. Si à l'inverse nous
supposons la femme en faillite, les syndics ne pourront
de son chef intenter l'action en séparation de biens
contre le mari. Si enfin, dans une dernière hypothèse,
nous supposons les deux époux en faillite, chacun de
leur côté, il n'appartiendrait pas aux syndics de la
faillite de la femme de demander de son chef la sépa-

[1] MM Bravard et Demangeat, t. v, p. 180.

ration de biens, mais ils pourraient, aux termes de l'art. 1446, venir exercer les droits de la femme dans la faillite du mari.

La loi a soumis la demande en séparation de biens à une certaine publicité dont nous dirons bientôt le but, et dont voici le mode (866-867-868 C. Pr. c.) : L'avoué constitué par la femme doit dans les trois jours de la demande, à peine de nullité (869 C. Pr.), en remettre au greffier du tribunal devant lequel le mari a été assigné, un extrait contenant : 1° la date de cette demande ; 2° les noms, prénoms, professions et demeure des époux ; 3° les noms et demeure de l'avoué constitué. — Le greffier devra sans délai inscrire cet extrait dans un tableau placé à cet effet dans l'auditoire du tribunal de première instance. Pareil extrait devra, dans un délai de trois jours, selon l'opinion générale, mais non pas à peine de nullité (la loi ayant gardé le silence sur ce point), être inséré dans les tableaux placés à cet effet dans l'auditoire du tribunal de commerce, dans les chambres d'avoués de première instance et dans celles des notaires, le tout dans les lieux où il y en a, et ces insertions seront certifiées par le greffier de ce tribunal et les secrétaires de ces chambres. Enfin il sera fait, à la poursuite de la femme, insertion du même extrait dans l'un des journaux qui s'impriment dans le lieu où siége le tribunal, et à défaut, dans un des journaux du département. Cette insertion sera justifiée par un exemplaire de la feuille contenant l'extrait et portant la signature de l'imprimeur légalisée par le maire (art. 868-698 C. Pr. c.)

On verra que le jugement de séparation de biens produit soit à l'égard des époux, soit à l'égard des tiers, un effet rétroactif au jour de la demande (article 1445). C'était là une première raison pour entourer cette demande de la publicité dont nous avons énuméré les détails.

Un second motif a été de mettre en éveil l'attention des créanciers du mari ou de la communauté, et de provoquer leur intervention pour défendre leurs droits contre la fraude des époux : Nous nous occuperons dans un paragraphe spécial de cette intervention des créanciers au procès.

Toutes les formalités prescrites pour la publicité de la demande doivent être observées à peine de nullité, laquelle pourra être invoquée soit par le mari, soit par ses créanciers (869 C. Pr.)

La demande une fois rendue publique, l'instance est engagée et la cause instruite d'après les formes ordinaires, sauf deux dérogations au droit commun : 1° Les aveux du mari ne pourront être invoqués par la femme comme preuve des faits par elle articulés à l'appui de sa demande (870 C. Pr.), alors même que le mari n'aurait aucun créancier ou que ceux qu'il aurait ne croiraient pas devoir intervenir. Car bien que le mari n'ait point de dettes et qu'à ce point de vue son aveu ne puisse point être soupçonné de déguiser quelque fraude à l'encontre de ses créanciers ; il y a pour l'exclure comme moyen ordinaire de preuve tous les autres motifs que nous avons assignés à la prohibition des séparations de biens volontaires. Le tribunal devra donc exiger d'autre moyens de preuve

pour contrôler la vérité des allégations de la femme.
Il s'éclairera par exemple avec des documents cons-
tatant les poursuites exercées contre le mari, les saisies pratiquées sur ses biens, ou encore il se basera
sur des faits de dissipation mettant la dot en péril,
attestés par témoins ou suffisamment justifiés par les
pièces produites par la femme à l'appui de ses prétentions.

L'aveu du mari devrait être écarté alors même que
ses créanciers viendraient le confirmer, car on doit
au moins redouter qu'ils ne s'entendent avec les époux
pour faciliter une séparation de biens par consentement mutuel [1].

2° La seconde dérogation au mode ordinaire d'ins-
truction des causes est contenue dans l'art. 869 C. Pr.,
d'après lequel non-seulement le jugement définitif de
séparation de biens, mais aucun jugement d'incident
ne pourra être rendu sur la demande de la femme,
qu'un mois après l'accomplissement des formalités
édictées par la loi pour la publicité de cette demande.
Il faut en effet attendre que cette publicité ait produit
ses fruits, et donner aux créanciers le moyen d'intervenir au procès, ce qu'ils pourront faire non-seulement dans ce délai *d'un mois*, mais jusqu'au jugement définitif sur la séparation de biens.

Ce délai d'un mois expiré, les juges pourront définitivement statuer sur la demande de la femme. Le
ministère public sera entendu à peine de nullité (article 83, Pr.). Le jugement qui prononcé la séparation

[1] Merlin V° sép. de biens, sect. 2 § 3, art. 2, n° 4.

de biens est soumis à une publicité bien plus grande
encore que la demande. 1° Suivant l'art. 872 C. Pr.,
en effet, il doit être lu publiquement, l'audience te-
nante, au tribunal de commerce de l'arrondissement,
bien qu'il n'y ait pas de tribunal de ce genre dans le
lieu où le mari est domicilié [1]. De plus, 2° un extrait
de ce jugement contenant la date, la désignation du
tribunal où il a été rendu, les noms, prénoms, profession et demeure des époux, sera inséré sur un
tableau à ce destiné et exposé pendant un an dans
l'auditoire des tribunaux de première instance et de
commerce du domicile du mari, même lorsqu'il ne
sera pas négociant. S'il n'y a pas de tribunal de
commerce dans l'arrondissement, et si par conséquent
le tribunal civil en remplit le rôle, l'extrait du jugement doit être affiché non-seulement dans l'auditoire
de ce tribunal, mais aussi dans la principale salle de
la maison commune du domicile du mari [2]. Enfin
3° pareil retrait devra être inséré aux tableaux exposés
dans la chambre des avoués et celle des notaires, s'il
y en a, c'est-à-dire quand elles ont un lieu fixe pour
leurs réunions, et non pas seulement quand il existe
des chambres de ce genre dans le lieu même où réside
mari, comme l'ont à tort prétendu quelques auteurs.

Telles sont les formalités qui concernant la publicité
du jugement de séparation de biens et qui doivent être
observées à peine de nullité (art. 1445 C. N., 872 C.

[1] MM. Boitard et Colmet-d'Aage, Leç. de Pr., t. 2, p. 498. Toulouse, 18 j. 1835.
[2] MM. Boitard et Colmet-d'Aage, op. cit., p. 496, G. 17 mars 1852.
Lyon, 23 fév. 1854.

Pr. combinés)[1]. Dans la pratique on augmente encore cette publicité par l'insertion de l'extrait du jugrment de séparation dans un des journaux qui s'impriment au lieu où siége le tribunal, et à défaut dans un de ceux du département désigné à cet effet par le préfet. Mais comme les articles 1445 C. N. et 872 C. Pr. c. ne font aucune allusion à cette formalité nouvelle et qu'on ne peut la faire résulter que de l'art. 92 n° 25 du Tarif civil, son inobservation n'entraînerait pas nullité[2].

Si le jugement qui prononce la séparation de biens avait été frappé d'opposition, ou si le mari avait interjeté appel, le jugement ou l'arrêt qui seraient postérieurement rendus, ne devraient pas être soumis à la même publicité que le jugement primitif. Observons encore que les formalités concernant la publicité dont nous venons de parler, peuvent être accomplies dans la huitaine à dater de la signification du jugement de séparation. Car ce ne sont pas là des actes d'exécution, et nous ne sommes plus dans le cas prévu par l'art. 155 C. Pr. relatif à l'exécution des jugements par défaut. Mais ces formalités ne peuvent l'être avant l'enregistrement du jugement, et comme cela requiert célérité de la part de la femme, comme d'un autre côté, les greffiers font faire ordinairement l'enregistrement dans les vingt jours[3]; elle pourrait faire faire une sommation au greffier avec offre d'a-

---

[1] MM. Aubry et Rau, d'apr. Zach., t. iv, p. 335, n. 26, Colmet-d'Aage, l. c. p. 496. Angers, 10 août 1839, Caen 15 juillet 1838.
[2] Bordeaux, 30 juillet 1833. Dalloz n° 1784, Troplong, n° 1379.
[3] Art. 20, loi du 22 frimaire an vii.

vancer les frais de l'enregistrement et le rendre ainsi
responsable de son retard.

§ 2

Des actes conservatoires permis à la femme dans l'intervalle de la demande au jugement de séparation

Le mari aurait pu profiter du délai d'un mois qui
doit s'écouler entre la demande et le jugement de séparation de biens pour ajouter au danger que court la
dot entre ses mains une nouvelle aggravation, si le
législateur n'avait pas autorisé la femme à exercer
dans cet intervalle des actes conservatoires dans le but
de remédier à cette situation (art. 869 C. Pr.) Elle
pourra par exemple faire des saisies-arrêts entre les
mains des débiteurs de son mari ou une saisie-gagerie
des meubles garnissant la maison conjugale[1] . Ces
saisies ne devraient toutefois être autorisées que si le
mauvais état des affaires du mari était suffisamment
établi. Elle pourra également former opposition entre
les mains de ses débiteurs personnels ; faire apposer
les scellés sur les effets de la communauté ; faire ordonner le dépôt des sommes dotales ou appartenant à
la communauté, à la Caisse des Consignations. Mais
pourrait-elle aussi faire ordonner le sequestre contre
son mari ? Les auteurs sont partagés. Cependant nous
croyons que cette mesure de précaution pourra être
dans l'espèce autorisée. On objecte il est vrai que
l'art. 1961 C. N. énumère limitativement les cas où

---

[1] Dalloz, op cit., n° 1757. Paris, 20 novembre 1815. Limoges, 7
mars 1823.

le sequestre peut être ordonné par la justice ; mais cette interprétation de l'art. 1961 ne nous paraît pas bien fondée. Nous ne croyons pas que les rédacteurs du Code Napoléon se soient écartés de l'esprit de l'ordonnance de 1667 autorisant le juge à le prononcer « toutes les fois qu'il y a nécessité de le faire, » et nous adoptons cette doctrine d'un arrêt de la cour de Bourges du 8 mars 1822 : que l'art. 1691 n'est pas restrictif, qu'il cite des espèces dans lesquelles le juge peut ordonner le sequestre sans porter défense de l'ordonner dans quelques autres cas ; ce sont plutôt des indications données au juge pour guider son appréciation, qu'une limitation de son droit. On objecte encore que l'art. 270 C. N. doit être ici appliqué par analogie. Mais en supposant (ce qui est d'ailleurs contestable) que l'art. 270 refuse à la femme demanderesse en séparation de corps le droit de faire prononcer le sequestre contre son mari, nous ne voyons pas que l'analogie des situations soit assez exacte pour refuser ce droit à la femme dans une instance en séparation de biens ; car s'il s'agit d'une instance en séparation de corps, il n'y a pas tant à s'inquiéter de la mauvaise administration du mari, qui, bien que violent, adultère, etc., peut d'ailleurs être un excellent administrateur. Tandis qu'en cas de séparation de biens il y a lieu de redouter au contraire qu'il ne continue pendant le procès la mauvaise gestion qui aura motivé le plus souvent la demande en séparation de biens contre lui, et qu'il ne profite même des derniers moments pour redoubler les dilapidations de la fortune de sa femme.

Ces diverses mesures conservatoires peuvent être prises sans être provoquées contradictoirement avec le mari. Leur nature seule suffit pour le faire décider ainsi, car le plus souvent elles né seront efficaces que si elles sont prises à son insu. « Il eût été déraison-
» nable et presque absurde, dit très-bien M. Chau-
« veau, de l'appeler à les débattre puisqu'il n'eût pas
« manqué de profiter de cette singulière condescen-
« dance de la loi pour dépouiller sa femme des droits
« que ces actes avaient précisément pour but de lui
« garantir . [1] »

§ 3

Du droit d'intervention des créanciers des époux dans l'instance

Nous avons vu quels moyens de publicité avaient été organisés par la loi pour avertir les créanciers des époux et provoquer pendant l'instance leur interven-vention autorisée par les articles 1447 C. N. et 871 C. Pr. Il est vrai que ces articles ne parlent que des créanciers du mari ; mais il ne faut pas en conclure que ceux de la femme ne puissent pas comme eux intervenir dans le procès en séparation de biens. La loi ne s'en est pas textuellement occupé, parce que le plus souvent ceux du mari sont seuls intéressés au débat. Car toute personne péut intervenir dans une instance en prouvant qu'elle y a intérêt.

Les procès-verbaux du Conseil d'État nous mon-

---

[1] Journal des avoués, rédigé par Chauveau, t, xxr, p. 167.

trent [1] que M. Maleville avait proposé un autre moyen
de provoquer l'intervention des créanciers. Il fit observer que dans les pays de droit écrit, non-seulement
les créanciers pouvaient intervenir, mais que la femme
était encore obligée de les appeler. Mais d'autres jurisconsultes, entr'autres M. Tronchet et M. Bigot
Preameneu, répondirent avec raison que la publicité
donnée à la demande suffisait pour les protéger ; que
la femme pouvait fort bien ne pas connaître la plupart
d'entr'eux, et qu'enfin cette précaution extrême donnerait lieu à une foule d'incidents, source de frais et
de perte de temps ; aussi l'on voit que leur opinion a
triomphé. Les créanciers pourront donc préalablement, aux termes de l'art. 871 C. Pr.; sommer l'avoué
de la femme par acte d'avoué à avoué, de leur com-
muniquer la demande de séparation et les pièces justificatives, afin d'examiner l'opportunité de leur
intervention. Se décident-ils à intervenir, ils ne
pourront faire rejeter la demande de la femme qu'en
démontrant l'absence du péril de la dot. Leur demande
en intervention est aux termes de l'art. 871 dispensée
du préliminaire de conciliation, ce qui était d'ailleurs
inutile à dire, car les art. 48 et 49 1° C. Pr. suffisaient
pour le faire décider ainsi.

Si les créanciers négligeaient d'intervenir pendant
l'instance, nous verrons que la loi ne les a pas en ce
cas laissés sans ressource, bien que le jugement ait
été prononcé, publié et même exécuté.

[1] Locré, t. XIII.

§ 4

De l'exécution du jugement de séparation de biens.

Après l'accomplissement des diverses formalités édictées par l'art. 872 C. Pr. et 1445 C. N. le jugement de séparation de biens doit de plus être exécuté pour produire son effet. Les poursuites de la femme doivent dans ce but commencer au plus tard dans la quinzaine à dater de sa prononciation. Il ne faudra donc pas attendre l'expiration du délai d'un an pendant lequel il doit rester affiché. (872 C. Pr.)

Cette exécution rapide du jugement exigée par la loi est bien justifiée. On ne pouvait en effet prononcer le mot de séparation de biens « sans se rappeler, dit « M. Berlier, les fraudes qui se sont trop souvent « pratiquées à ce sujet »[1]. Bourjon les signalait dans l'ancien droit comme étant « presque toujours des « épouvantails dont se servent les débiteurs injustes « pour écarter leurs créanciers, et mettre leurs meubles « à couvert de la poursuite de ces derniers »[2] Si la femme ne se hâte point de mettre à exécution le jugement qu'elle a obtenu, c'est que le péril de sa dot allégué pour le faire prononcer n'était évidemment qu'un vain prétexte pour dépouiller les créanciers de la communauté d'une partie de leur gage. Aussi d'après l'art. 1444 C. N. la séparation, bien que prononcée est nulle (et nous en dirons autant de toute la procédure qui l'a précédée[3], si dans la quinzaine qui

[1] Fenet, t. XIII, 672.
[2] Bourjon Dr. Comm. ch. 3 § 1.
[3] Cass. 3 avril 1848. Grenoble 23 avril 1858. MM. Aubry et Rau d'après Zach. IV p. 335 note 27.

suit la prononciation du jugement, elle n'est pas
exécutée par le paiement réel des droits et reprises de
la femme effectué jusqu'à concurrence des biens du
mari par acte authentique, ou, si dans le même délai,
la femme n'a point commencé contre son mari des
poursuites non interrompues depuis (art. 1444 C. N.

Mais l'art. 174 C. Pr. accorde à la femme trois mois
pour faire inventaire et quarante jours pour prendre
parti sur l'acceptation ou la répudiation de la communauté; aussi paraît-il, au premier abord, inconciliable
avec l'art. 1444 C. N. Il n'en est rien cependant. En
effet la femme, a des droits contre son mari indépendants de son acceptation ou de sa renonciation. Tel est
celui de reprendre ses propres. Donc elle pourra toujours satisfaire aux exigences de l'art. 1444 en poursuivant dans la quinzaine le recouvrement de ceux de
ses biens qui lui appartiendront en toute hypothèse
c'est-à-dire soit qu'elle accepte, soit qu'elle répudie
la communauté; cela suffira, et, comme on le voit,
ne lui fera pas perdre le bénéfice du délai que lui
accorde l'art. 174 C. Pr. Cette conciliation est généralement adoptée, car l'art. 1444 n'exige pas que dans
la quinzaine l'exécution soit complète, et j'ai démontré
comment elle pouvait se faire partiellement. Bien
plus, la femme ordinairement n'aura aucun besoin du
délai que lui accorde l'art. 174. Elle n'hésitera pas à
renoncer à la communauté rendue notoirement inac-
ceptable par la mauvaise gestion du mari. On peut
même penser avec beaucoup de raison que c'est en
vue de cette hypothèse que l'art. 1444 a été rédigé
et que le législateur ne songeait qu'au cas ou il n'y

11

aurait pas de partage de communauté à faire, par suite
de la ruine du mari ou du désordre de ses affaires, qui
auront motivé la séparation de biens.

Il faut toutefois reconnaître avec Marcadé [1] que les
dispositions contenues dans l'art. 1444 se trouvent
modifiées par l'art. C. Pr. en un point ; c'est quant à
l'obligation qui incombe à la femme, aux termes de
l'art. 1444, de terminer sans interruption de poursuites l'exécution commencée dans la quinzaine à
dater du jugement. Qu'on suppose en effet que dans
ce délai elle ait poursuivi l'exécution du jugement de
séparation quant aux biens qui lui appartiendront
indépendamment du parti qu'elle prendra ultérieurement sur l'acceptation ou la répudiation de la communauté ; par suite de ces premières poursuites non
interrompues, ces biens lui ont été restitués, par
hypothèse, dans le premier mois à dater du jugement;
voilà la séparation exécutée, mais en partie seulement;
mais quant aux poursuites relatives à ceux de ses
biens ou droits qu'il lui reste à réclamer et auxquels
elle ne pourra prétendre que selon le parti qu'elle
prendra sur la communauté, il lui suffira de les commencer dès l'expiration du délai de 3 mois et 40 jours
qui lui est accordé par l'art. 174 C. Pr. à partir de la
dissolution de la communauté, pourvu qu'elles soient
continués sans interruption jusqu'à la complète exécution de la séparation de biens.

Les prescriptions de l'art 1444 relatives à l'exécution de la séparation de biens doivent être suivies,

[1] Marcadé sur l'art 1444.

soit que le jugement ait été rendu par défaut, soit
contradictoirement. Mais lorsque la séparation de biens
ne résulte qu'accessoirement d'un jugement qui prononce la séparation de corps, elles ne sont plus applicables, et le retard apporté par la femme à la liquidation de ses reprises, ne serait point une cause de
nullité de la séparation de biens; car la collusion des
époux contre les tiers n'est plus ici présumable [1].

La séparation de biens judiciairement prononcée et
rendue publique, peut être exécutée à l'amiable entre
les époux s'ils peuvent s'accorder sur ce mode d'exécution; ils peuvent aussi s'en remettre sur ce point à
des arbitres; mais, que l'exécution soit volontaire, ou
qu'elle soit forcée, elle doit toujours être constatée par
un acte authentique, et les époux quant au délai de
l'exécution, devront toujours se reporter à l'article
1444.

Maintenant, quant aux actes pouvant constituer le
commencement de poursuite à fin d'exécution exigé
par la loi, dans la quinzaine à dater du jugement, nous
citerons à titre d'exemples, une assignation donnée
par la femme au mari afin de liquidation de ses reprises ; une sommation de venir à l'étude de tel notaire
procéder à cette liquidation ; un simple commandement de payer les frais du procès ; mais la simple
signification du jugement de séparation ne satisferait
pas au vœu de la loi, qui exige évidemment de la part
de la femme, un acte capable de montrer sérieusement
son intention de faire exécuter le jugement.

[1] MM. Demolombe. *Traité de mariage* t. 2 n° 516. Aubry Rau
d'ap. Zach. p. 336 note 32. Paris 21 Janvier 1858.

Mais le mari est complétement ruiné, notoirement insolvable ; la femme sait que les poursuites qu'elle pourrait faire n'entraîneraient que des frais inutiles, souffrira-t-elle de son inaction dans la quinzaine du jugement?nous le croyons, car elle peut au moins dans ce délai faire suivre la signification du jugement d'un commandement de payer, ensuite d'un procès-verbal de carence ; cela prouvera suffisamment son intention d'exécuter la séparation. Elle aurait même pu pour éviter ces frais se faire donner acte de sa renonciation à exercer aucune reprise contre son mari par le même jugement qui prononce la séparation de biens.

C'est en principe, une question d'appréciation pour les tribunaux que celle de savoir si les poursuites commencées dans la quinzaine ont été continuité sans interruption, car il s'agit ici d'une continente morale qui n'est point incompatible avec certains intervalles laissés entre chacune d'elles ; aussi a-t-on jugé avec raison qu'un intervalle de plusieurs mois ne devait pas être considéré comme une interruption entraînant nullité de la séparation de biens prononcée, lorsque cette inaction de la femme se trouvait suffisamment justifiée, par exemple, par l'entier dénument du mari survenu depuis le commencement des poursuites, par la crainte légitime que les frais nécessaires pour terminer immédiatement les poursuites commencées ne dussent absorber l'actif de son époux[1].

[1] Bordeaux 1er février 1845. Caen 2 décembre 1851, conf. MM. Troplong n° 1366. Aubry et Rau d'ap. Zach. t. IV § 516.

Ainsi les juges apprécieront, mais il appartiendra à la Cour de cassation, les faits une fois constatés par les arrêts, de leur restituer leur caractère légal.

§ V

Des nullités du jugement de séparation de biens

Lorsque la séparation de biens judiciairement prononcée n'a pas été exécutée dans la quinzaine à dater du jugement, ou que du moins les poursuites commencées dans ce délai ont été sans raisons légitimes discontinués depuis, elle sera nulle aux termes de l'article 1444 et avec elle toute la procédure déjà faite [1]; mais les auteurs sont très-divisés sur le caractère de cette nullité. Est-elle absolue et par conséquent toute personne intéressée pourra-t-elle l'invoquer? C'est bien ainsi que l'entendait notre ancienne jurisprudence. Duplessis nous dit en effet sur l'article 286 de la coutume de Paris que « quand la séparation « aurait été faite en la meilleure forme du monde.... « elle serait *caduque* faute d'exécution : Bref sans ces « deux points concurrents la séparation est nulle tant « à l'égard des créanciers qu'à l'égard des conjoints » Renusson, Ferrières, Pothier expriment la même opinion [2].

---

[1] Cass. 3 avril 1848. Grenoble 25 avril 1858.
[2] Ferrières *dictionnaire de droit et pratiq.* t. 2 v° separat. de biens. Renusson *traité de la communauté* 1re part. C. 10. Denisart, v° *sép. de biens.* Junge *les passages d'anciens auteurs cités dans une savante dissertation* de M. Oscar de Vallée (Journal *le Droit* du 21 juin 1855).

— 170 —

Sous le Code Napoléon les auteurs sont très-divisés.

Dans une première opinion on soutient que si le texte de la loi (art. 1444) semble prononcer une nullité absolue, son esprit résiste à cette interprétation. Ce n'est, dit-on, qu'en faveur des créanciers du mari que la mise à exécution du jugement dans un bref délai a été prescrite; la loi a voulu les protéger contre la collusion des époux toujours redoutable en pareille matière. Mais comment la femme serait-elle autorisée à exciper de sa propre négligence, et comment le mari pourrait-il se prévaloir d'un défaut d'exécution qui fait présumer un accord frauduleux entre lui et sa femme? Comment enfin les époux feraient-ils valoir cette nullité contre les tiers? ne doivent-ils point être écartés par la maxime *nemo auditur propriam turpitudinem allegans.*

Mais les partisans de ce premier système se divisent entr'eux sur la question de savoir quels créanciers du mari auront le droit d'invoquer la nullité. Les uns placent sur la même ligne les créanciers tant intérieurs que postérieurs à la séparation de biens [1]; Les autres refusent cette action en nullité aux créanciers postérieurs, car, disent-ils, il n'a pu être pratiqué aucune fraude à leur préjudice [2].

Dans un second système on reconnaît aussi au mari le droit d'invoquer la nullité contre sa femme mais on le refuse à la femme contre son mari; ce dernier, dit

[1] MM. Rodière et Pont. op. cit. n° 850.
[2] MM. Troplong n° 1368. Dalloz jurisprud. gén. XIII n° 1849.

ou, est intéressé à savoir si la femme entend ou non
profiter du jugement qu'elle a obtenu; si elle a négligé
de l'exécuter, c'est qu'elle y a tacitement renoncé.
Mais la femme ne doit pas profiter de sa propre négligence [1].

Des auteurs vont plus loin et accordent ce droit à
la femme comme au mari, mais ne les admettent point
à l'exercer contre les tiers [2].

Nous pourrions mentionner bien d'autres diver-
geances d'opinion entre les partisants de la nullité *relative*, mais nous nous hâtons d'en tirer cette conclusion
c'est que cette diversité même d'opinion prouve combien ces différent systèmes manquent de base légale.

Nous croyons donc que la doctrine la plus juridique
est celle qui s'en tient au texte même de l'art. 1444 et
d'après laquelle la nullité résultant du défaut d'exécution du jugement de séparation de biens dans le
délai voulu est une nullité absolue, et que toute personne intéressée pourra par conséquent invoquer.

Rien n'indique que les rédacteurs du Code Napoléon
aient voulu abandonner sur ce point la tradition de
notre ancien droit. Bien loin de là, l'art. 1444 prononce cette nullité d'une manière générale, sans distinction de personnes. Qu'on ne dise pas que l'esprit
de la loi exige que l'on distingue, car après avoir établi
en principe la nullité des séparations de biens volontaire dans l'article 1443 le législateur ajoute immédiatement dans l'article 1444 que « *quoique prononce en
justice*, la séparation est *nulle*, si elle n'a pas été exé-

[1] Odier, *contr. de mariage* 1, 387.
[2] MM. Rodière et Pont, *loc. cit.*

cutée..... » mettant évidemment sur la même ligne la séparation de biens volontaire, et la séparation non-suivie d'exécution régulière; or, la nullité de la séparation de biens volontaire est incontestablement absolue[1] .

Ainsi non-seulement les créanciers du mari pourront s'en prévaloir car c'est principalement, mais non exclusivement dans leur intérêt que cette nullité a été établie, mais les époux eux-mêmes, soit l'un contre l'autre, soit contre les tiers qui auraient contracté avec l'un d'eux. Quant au mari il lui importe fort de ne point laisser incertaine sa position vis-à-vis de sa femme et de savoir si elle entend ou non profiter du jugement qu'elle a obtenu. Il n'est donc point obligé d'alléguer sa propre fraude, sa propre turpitude. (add. arg. art. 869 C. Pr. civ.)

Il semble, au premier abord, qu'il y ait plus de difficulté à admettre la femme à se prévaloir de cette nullité, car objecte-t'on, elle puisera son action dans sa propre négligence. Mais il faut considérer qu'ou bien la séparation a été sincère : en ce cas le mari qui ne l'a point volontairement exécutée, et la femme qui n'en a point régulièrement poursuivi l'exécution ont tacitement renoncé à se prévaloir l'un et l'autre du jugement; ou bien elle a été frauduleuse, et dans cette hypothèse, pourquoi la femme qui regrette d'avoir participé à une fraude organisée dans l'intérêt de son mari ne serait-elle pas admise a demander la nullité

[1] M. Valette (cours.) M. Duvergor, (id.) 1804; en ce sens Alger 26 mars 1858.

d'un acte auquel elle se repent d'avoir prêté la main, soit pour soulager sa conscience, soit pour que ses enfants ne retirent aucun profit de sa collusion avec son mari? sa prétention devait-être accueillie d'autant plus favorablement que selon l'observation de MM. Aubry et Rau, « elle n'agit le plus souvent que sous l'inspiration et la direction de ce dernier [1] »

Si toutefois, le mari avait volontairement exécuté le jugement de séparation de biens, après le délai voulu par la loi, il ne pourrait se prévaloir de ce défaut d'exécution régulière pour demander contre la femme la nullité de la séparation de biens obtenue ; de même les créanciers qui auraient concouru aux actes d'exécutions tardives du jugement, ne pourraient pas se prévaloir de cette nullité; c'était à eux à mieux veiller à leur intérêts. *Volenti non fit injuria.*

Les époux, avons-nous dit, peuvent se prévaloir de cette nullité non-seulement l'un contre l'autre, mais même contre les tiers. C'est à eux à s'assurer si la séparation de biens a été régulièrement exécutée. C'est ainsi que le mari pourrait, pour faire annuler un bail passé par sa femme sans autorisation, opposer aux tiers qui ont contracté avec elle la nullité résultant du défaut d'exécution de la séparation dans les délais légaux [2]. Mais la femme ne devrait pas être admise à exciper de cette nullité à l'égard des tiers avec lesquels elle aurait contracté, se disant séparée de biens.

---

[1] *En ce sens,* jugement du trib. de la Seine du 24 fev. 1855. Aubry et Rau. p. 338 note 38.

[2] Cass. 27 juin 1842.

Comment pourrait-elle puiser son droit dans sa propre fraude ?

De nouvelles controverses ont été soulevées sur la question de savoir par quel laps de temps peut être prescrite l'action en nullité résultant du défaut d'exécution, ou de l'exécution tardive du jugement de séparation de biens.

Le délai d'une année dont parle l'art. 873 étant évidemment inapplicable à notre hypothèse, puisque cet article suppose que toutes les formalités de publicité et d'exécution du jugement de séparation ont été fidèlement observés, les uns ont proposé de limiter à dix ans la durée de cette action, par application de l'art. 1304, les autres à trente ans en vertu de l'art. 2262 C. N. Mais il nous paraît plus logique de décider comme l'a fait la Cour de cassation, que le jugement non exécuté ou exécuté après le délai légal est réputé non avenu [1]. En conséquence, les personnes intéressées peuvent toujours invoquer cette nullité.

La loi prononce encore la nullité du jugement de séparation de biens pour inobservation des conditions de publicité par elle imposées (art. 1445 C. N., 872 C. Pr.). On a soulevé sur le caractère de cette nullité la même controverse que sur celle que nous venons d'examiner. La séparation, avons-nous dit, est frappée de nullité absolue pour défaut d'exécution dans le délai voulu (art. 1444). Or, l'art. 1444 entend parler d'une exécution régulière, et elle ne peut être considérée comme telle aux termes de l'art. 1445, que si elle a été précédée des formalités de publicité

[1] Cass. 15 janv. 1843.

exigées par la loi. Le caractère de la nullité qui résulte
de leur inobservation est donc le même que celui de
la nullité que nous venons d'examiner. Toute personne
intéressée pourra l'invoquer.

§ 6

*Du droit des créanciers des époux de se pourvoir par la
voie de la tierce-opposition contre le jugement de séparation de biens intervenu en fraude de leurs droits.*

Les formalités exigées pour la publicité du jugement
de séparation de biens ont été observées ; les créanciers du mari n'ont pas cru devoir faire appel de ce
jugement du chef de leur débiteur, comme ils en avaient
le droit, aux termes de l'art. 1166; ce jugement a même
été exécuté dans les délais voulus par la loi ; ils ont
encore la ressource de se pourvoir par la tierce-opposition contre la séparation de biens prononcée et
même exécutée, en fraude de leurs droits.

Tous créanciers en principe, bien que légalement
représentés quant à leurs droits par leur débiteur dans
les procès où il figure, et liés par les jugements pro-
noncés contre lui, peuvent cependant attaquer ces
jugements par la voie de la tierce-opposition, s'ils
prouvent que leur débiteur, par suite d'une collusion
avec son adversaire, s'est laissé condamner pour diminuer frauduleusement le gage de leurs créances.
Celui qui fraude en justice ses créanciers ne peut plus
en effet prétendre les y avoir représentés. L'art. 873
n'est donc qu'une application du droit commun en
matière de tierce-opposition ; mais il y a cela de
spécial dans l'art. 873 que dans l'hypothèse qu'il

prévoit le délai pendant lequel les créanciers du mari peuvent former tierce-opposition contre le jugement qui prononce en fraude de leur droit la séparation de biens, est réduit a un an, tandis que d'après le droit commun, la voie de la tierce-opposition est ouverte contre les jugements pendant trente ans. Aussi doit-on bien préciser l'hypothèse prévue par l'art. 873 C. Pr. puisqu'elle est une dérogation aux principes de droit commun. L'art. 873 suppose que les formalités exigées par la loi pour la publicité de la séparation de biens (1445 C. N., 865,872 C. Pr.) ont été fidèlement observées, et les créanciers du mari prétendent que le jugement qui l'a prononcée a été rendu en fraude de leurs droits ; ils ne pourront l'attaquer par la voie de la tierce-opposition que dans le délai d'un an pendant lequel ce jugement doit rester affiché (872 C. Pr.)

Supposons maintenant que ce jugement n'ait pas été soumis à la publicité exigée par la loi (872-1445), Bien que quelques-unes seulement de ces formalités aient été omises, les créanciers pourront l'attaquer par la voie de la tierce-opposition pendant trente ans, s'il a été rendu en fraude de leurs droits ; cela résulte de l'art. 873 *a contrario* ainsi que de l'art. 66 du Code de commerce : « *à défaut de quoi les créanciers seront toujours admis à s'y opposer.* » Dans ce cas, au surplus, les créanciers pourront exercer l'action en nullité résultant de l'inobservation des conditions légales de publicité du jugement, et cette inobservation entraîne la nullité non-seulement du jugement qui prononce la séparation, mais même de l'exécution qui l'a suivie (872 C. Pr., 1445 C. N.)

Si après un premier jugement prononçant la séparation et soumis à toute la publicité voulue, un second
avait statué sur la liquidation des reprises de la femme,
et si tous les deux avaient été rendus en fraude des
créanciers du mari, ils ne pourraient, par la voie de la
tierce-opposition, attaquer le premier jugement que
pendant un an, le second au contraire pendant trente
ans.

Plaçons-nous enfin dans l'hypothèse où un même
jugement a prononcé la séparation de biens et liquidé
par un de ses chefs les reprises de la femme; supposons qu'il ait reçu toute la publicité voulue par la loi,
qu'il ait été régulièrement exécuté, et qu'il y ait lieu
à tierce-opposition de la part des créanciers du mari,
nous croyons qu'ils pourront attaquer par cette voie
pendant un an seulement la disposition du jugement
qui prononce la séparation de biens, mais pendant
trente ans le chef relatif à la liquidation des reprises.
En effet la séparation de biens et la liquidation des
reprises de la femme sont deux choses essentiellement
distinctes, bien qu'elles se trouvent dans notre espèce
accidentellement réunies dans les dispositions d'un seul
et même jugement. Qu'importe que par accident l'action en séparation de biens et l'action en liquidation
des reprises aient été simultanément jugées; elles n'en
sont pas moins différentes l'une de l'autre; elles n'ont
ni le même objet, ni le même but; l'art. 873 n'a certainement pas eu en vue cette hypothèse exceptionnelle.

La distinction que nous venons de faire entre les
deux dispositions du même jugement nous semble bien
fondée. Il n'y a pas en effet, pour refuser aux créanciers

du mari le délai de droit commun, pour attaquer le chef du jugement relatif à la liquidation des reprises, les mêmes raisons qui l'ont fait limiter à un an lorsqu'ils veulent par cette voie attaquer la disposition qui prononce la séparation de biens. Le législateur n'a pas voulu en présence d'un jugement de séparation de biens une fois soumis à la publicité légale, laisser la position nouvelle des époux exposée à des menaces tardives de révocation de la séparation qu'ils ont obtenue ; cela eut nui considérablement à leurs rapports avec les tiers, avec lesquels ils auraient voulu contracter. — Mais ce motif n'existait plus relativement à la liquidation des reprises de la femme ; que cette liquidation soit longtemps exposée (trente ans !) à l'attaque des créanciers du mari par la tierce-opposition ; — qu'ils la fassent plus ou moins modifier dans leur intérêt par le tribunal, la séparation de biens ne sera pas pour cela révoquée ; les tiers n'en auront pas moins traité avec des époux réellement séparés. Un plus long délai pour agir, dans cette hypothèse, par la voie de la tierce-opposition, n'a donc plus les mêmes inconvénients [1].

Nous n'avons parlé jusqu'ici que des créanciers du mari : est-ce à dire que les créanciers de la femme ne pourraient pas, eux aussi, se pourvoir par la voie de la tierce-opposition contre le jugement de séparation rendu en fraude de leurs droits ? Nous ne le pensons pas, et si la loi n'a parlé que des créanciers du mari (art. 873 C. P., 1447 C. N.), c'est qu'eux seuls

[1] MM. Bottard, Colmet-d'Aage. Proc. civ. t. 2 n° 1113. Aubry et Rau d'ap. Zach. § 516 4° note 23.

ont la plupart du temps intérêt à attaquer le jugement
par cette voie; mais comme toute personne peut
former tierce- opposition à un jugement rendu en
fraude de ses droits, il est bien évident que les créanciers de la femme, s'ils sont lésés par le jugement de
séparation de biens frauduleusement obtenus, pourront
y former tierce-opposition, et le délai d'un an dont
il est parlé dans l'art. 873 leur est également applicable, dans les mêmes conditions qu'aux créanciers
du mari, car le motif que nous avons donné pour
justifier rationnellement l'application que la loi en a
faite en ce qui concerne ces derniers, le danger de
laisser longtemps incertaine la nouvelle situation des
époux, nous paraît aussi décisif en ce qui concerne les
créanciers de la femme.

Pour attaquer par la tierce-opposition le jugement
de séparation de biens, il ne suffit pas aux créanciers
de démontrer, comme l'a soutenu Toullier, que le
jugement leur cause un préjudice [1]. Non-seulement
l'opinion de ce savant jurisconsulte est contraire au
texte de l'art. 1447 qui emploie le mot fraude, mais
elle doit être écartée par cette simple considération
qu'il serait presque impossible de trouver une séparation de biens qui ne nuisît pas aux intérêts des
créanciers du mari et qui ne donnât par cela même à
ces créanciers le droit de l'attaquer par la voie de la
tierce-opposition.

[1] Toullier XIII n° 88. Zacharie § 516 note 8 contrà MM. Aubry et
Rau t. IV p. 334 note 22.

§ 7

De l'effet rétroactif du jugement de séparation de biens

Le jugement qui prononce la séparation de biens a un effet rétroactif au jour de la demande, tant à l'égard des tiers qu'à l'égard des époux, car la loi ne fait aucune distinction (art. 1445). La demande est réputée formée à dater du jour où l'assignation a été donnée au mari.

C'est précisément pour éveiller l'attention des tiers et les prémunir contre l'effet rétroactif du jugement, que le législateur a entouré cette demande d'une grande publicité (art. 87 C. Pr.) Nous démontrerons que la séparation de biens résultant accessoirement du jugement qui prononce la séparation de corps ne rétroagit au contraire nullement.

Examinons les principales conséquences de cette rétroactivité soit à l'égard des époux, soit à l'égard des tiers. Et d'abord entre les époux elle produit les effets suivants :

A. Les successions mobilières échues à chacun des époux depuis l'introduction de la demande leur restent propres, et il en sera de même des donations mobilières dont ils auraient été, l'un ou l'autre, gratifiés.

B. La femme a le droit de se faire restituer à partir de la même époque les fruits de ses propres et les intérêts de la dot mobilière dont elle s'est réservé la reprise, en déduisant toutefois la part de ces fruits et revenus jusqu'à concurrence de laquelle elle devait

contribuer aux dépenses du ménage. La jurisprudence du Châtelet de Paris le décidait ainsi et c'était
l'avis de Pothier [1].

C. Les dettes contractées par le mari depuis l'introduction de la demande n'obligent la communauté
que dans la mesure du profit qu'elle en a retiré.

D. La femme n'est pas obligée de respecter les
actes de disposition des biens communs effectués par
le mari à compter de la même date. Quant aux actes
d'administration nous verrons qu'il en est autrement.

E. La femme serait liée par la répudiation ou
l'acceptation qu'elle ferait de la communauté dans
l'intervalle de la demande au jugement qui prononce
la séparation de biens.

Du principe que ce jugement rétroagit également
à l'égard des tiers résultent, entr'autres, les conséquence suivantes :

A. La femme n'est pas plus tenue de respecter
à leur égard qu'elle ne l'est à l'égard de son mari les
aliénations des biens communs effectuées par celui-ci
pendant l'instance.

B. Le jugement de séparation de biens fera tomber
les saisies des fruits ou intérêts des propres de la femme
pratiquées pendant l'instance par les créanciers du
mari [2].

[1] Denisart v° sép. n° 39 et s. Roussceaud de Lacombe v° sep. Zach.
Aubry et Rau t. IV. § 516 6° et § 540 note 33. Bourges 29 juillet 1851
contrà Cass. 28 mars 1848.
[2] Tr. de la Comm. t. 2 p. 73 id. arrêt du Parlement de Paris du
10 mai 1728 cité par Roussilhe t. 2, p. 71.
[3] MM. Troplong n° 1389 Cass. 22 avril 1845.
Rodière et Pont t. 2 868.

Mais pendant l'instance le mari peut s'être borné à faire des actes de simple administration; ces actes seront valables à l'égard de la femme et des tiers, qu'il s'agisse des biens de la communauté ou des biens propres de celle-ci, car s'il est vrai que le jugement produise un effet rétroactif, cette rétroactivité ne peut porter atteinte aux actes de simple administration faits par le mari pendant le procès. Il conserve ce droit d'administration pendant l'instance puisque la loi ne l'a pas donné à la femme, et il faut bien que ces biens soient gérés par quelqu'un pendant cet intervalle de la demande au jugement. La femme pourra toutefois attaquer les actes même d'administration qui auraient été faits en fraude de ses droits. Notons au surplus, qu'elle aura pu faire pendant l'instance pour mieux sauvegarder ses droits les actes conservatoires dont nous avons précédemment parlé. (Ch. IV § 2 ci-des.).

Ce que nous venons de dire s'applique au jugement qui prononce la séparation de biens demandée principalement. Mais c'est une question controversée que celle de savoir si la séparation de biens qui résulte accessoirement d'un jugement de séparation de corps produit un effet rétroactif au jour de la demande. Trois systèmes ont été soutenus.

Les uns ont prétendu que l'art. 1445 C. N. ne distinguait pas entre la séparation de biens principale et la séparation de biens incidente ou accessoire et que la rétroactivité établie par cet article était, par conséquent, applicable à toutes les deux également; refuser d'ailleurs, dit-on, l'effet rétroactif à la séparation de biens incidente, c'est donner au mari irrité d'une demande qui met en jeu sa considération et son honneur, le temps d'achever de dissiper les biens de sa femme avec d'autant plus d'empressement que sa colère sera plus violente. Bien plus, si la femme peut compter sur des successions mobilières de parents déjà âgés ou frappés de maladies qui ne permettent pas à leur existence de se prolonger plus de quelques jours, le mari pour prendre sa part dans ses successions s'efforcera de prolonger de son côté autant que possible la durée du procès afin que elles se soient ouvertes avant la prononciation par le tribunal, du jugement en séparation de corps. On observe enfin dans ce système que le demandeur ne doit pas en général souffrir de la résistance du défendeur et doit être replacé dans la même situation que si ce dernier avait dès l'origine aquiescé à sa demande.

Cependant des auteurs et des arrêts ont reconnu qu'il serait bien injuste de faire rétroagir sinon à l'égard des époux au moins à l'égard des tiers une séparation de biens qui viendrait les surprendre sans qu'ils aient eu les moyens de prévoir les graves modifications qui allaient s'opérer dans les rapports pécuniaires des époux, puisque la demande en séparation de corps n'est soumise à aucune publicité. (875. C. Pr. et s.)

La seule opinion qui nous paraisse, quant à nous, conforme au texte et à l'esprit de la loi est celle qui ne reconnaît à la séparation de biens incidente, aucun effet rétroactif, soit par rapport aux époux, soit par rapport aux tiers.

En effet, par la place qu'il occupe dans le Code Na-

poléon, par la manière même dont il est rédigé, l'art.
1445 ne concerne évidemment que la séparation de
biens principale; et l'on s'explique très-bien que cet
effet rétroactif ait été refusé à la séparation de biens
incidente, si on étudie la raison de l'une et de l'autre.
La première est en effet fondée avant tout sur le péril
que court la dot de la femme entre les mains du mari
pendant l'instance, et c'est pour cela que la rétroactivité du jugement viendra la protéger dans cet intervalle contre ce danger ; mais la situation n'est plus la
même lorsqu'il s'agit d'une séparation de biens incidente; elle n'est plus fondée comme la première sur le
péril de la dot ; la séparation de corps n'entraîne la
séparation de biens avec elle que parce qu'elle brise
la vie commune, et que lorsqu'il n'y a plus de ménage
plus d'affection réciproque entre les époux il ne doit
plus y avoir également de communauté d'intérêts:
« désormais chacun chez soi chacun pour soi » dit
très-justement M. Demolombe [1]. Mais il se peut très-
bien que la dot ne coure aucun péril entre les mains
du mari défendeur en séparation de corps ; il peut
être un très-économe et très-habile administrateur; le
but direct de la demande de la femme n'est donc point
dans ce cas la protection de ses intérêts pécuniaires ;
ce sont des intérêts plus élevés qu'on a eu principalement en vue et qu'on a voulu sauvegarder.

Si cette rétroactivité de la séparation de biens incidente avait été dans la pensée du législateur, il aurait
dû au moins dans ce cas protéger contre elle les tiers

[1] M. Demolombe, t. IV, p. 609.

qui traiteraient avec le mari pendant l'instance; or comme nous l'avons observé, aucune publicité n'a été organisée dans ce but. Les différences que nous avons signalées entre la situation où se trouve la la femme quand elle demande principalement la séparation de biens et celle où elle est placée quand elle poursuit sa séparation de corps, suffisent d'un autre côté pour expliquer la non-rétroactivité de la séparation de biens incidente, même en l'égard des époux, dans leurs rapports réciproques. Qu'arriverait-il, au surplus, quand ce serait le mari qui aurait demandé et obtenu la séparation de corps contre sa femme ? Il faudrait bien alors reconnaître un effet rétroactif à la séparation de biens qui en résulterait accessoirement; l'on voit alors combien l'art. 1444 sera détourné de son but, car on s'expliquera difficilement dans ce cas comment la dot court un sérieux danger, puisque la femme en combattant la séparation de corps, demande virtuellement que le mari conserve sur sa dot les mêmes pouvoirs.

Cette rétroactivité enfin, pourrait souvent être nuisible à la femme, en l'empêchant de prendre part dans les successions mobilières échues au mari pendant l'instance en séparation de corps et destinées à tomber en communauté.

Mais le mari irrité, dit-on, par la demande en séparation de corps, va se venger en consommant au plus vite pendant l'instance la ruine de la femme. Eh bien ! Est-elle donc sans ressources contre ces dissipations tardives ? Ne peut-elle pas requérir pendant le procès des mesures conservatoires, telles que l'apposition des scellés sur les effets mobiliers de la communauté (270 C. N.) ce qui ôtera au mari le droit de les aliéner [1] ; attaquer les obligations contractées en fraude de ses droits (271 C. N.) par le mari à la charge de la communauté et les aliénations des biens communs également faites en fraude de ses droits, postérieurement à l'ordonnance du président qui autorise l'action (271 C. N.)?

Est-ce que la femme qui demandait autrefois le divorce, avant la loi du 8 mai 1816, avait d'ailleurs d'autres moyens de protéger ses biens pendant l'instance, que ceux qui appartenaient à celle qui plaidait en séparation de corps? et cependant le divorce n'avait pas d'effet rétroactif par rapport à la dissolution de la communauté qu'il entraînait, et si une succession mobilière était échue à la femme pendant le procès, il n'est pas douteux qu'elle eut été traitée comme un bien commun. Est-ce que la séparation de corps dans l'esprit des rédacteurs de notre Code pouvait avoir plus d'effet que le divorce lui-même, quant à la séparation de biens qu'elle amène accessoirement avec elle? Le divorce prononcé n'aurait pas eu d'effet rétroactif quant aux biens et la séparation de corps, *ce divorce des catholiques*, comme on l'a appelé, en aurait eu, alors cependant qu'elle est fondée sur les mêmes motifs. Le législateur eut manqué de logique [2].

Mais la femme a, d'ailleurs, un moyen bien simple

---

[1] MM. Duranton 11. 613 Demolombe t. IV p. 568. Rennes 15 Juillet 1841.

[2] En ce sens M. Coin-Delisle *Revue critique de la jurisprudence* t. VIII p. 24.

de conjurer le péril de la dot par elle allégué. C'est de former concurremment à la demande en séparation de corps, une demande distincte en séparation de biens, et alors la rétroactivité du jugement qui la prononcera, (pourvu, bien entendu, que les conditions de publicité exigées en matière de séparation de biens de principale aient été observées), la protégea contre le danger dont elle aura démontré l'existence.

Mais voici venir une nouvelle objection des adversaires à laquelle il est facile de répondre. En principe disent-ils, et d'après le droit commun, les effets d'un jugement remontent entre les parties au jour de la demande. Oui, cela est vrai, quand ces jugements ne sont pas attributifs de droits nouveaux et parce que le demandeur ne doit pas souffrir de la résistance du défendeur; mais dans notre espèce il en est tout autrement; le jugement qui prononce la séparation de corps (et il en est de même du jugement de séparation de biens principale) ne se borne pas à reconnaître des droits préexistants; il crée un ordre de choses tout nouveau, et outre la cessation de la vie commune qu'entraîne spécialement la séparation de corps, il donne aux époux des droits qu'ils n'avaient pas eu jusqu'ici; il donnera notamment à la femme, en dissolvant la communauté, la jouissance et l'administration de ses biens que son contrat de mariage avait concédées à son mari. D'un autre côté la femme prétendrait en vain pour invoquer la rétroactivité, qu'elle ne doit pas souffrir de la résistance du défendeur, son mari, car il était bien obligé de contredire sa demande, la séparation de biens pas plus que la séparation de corps ne pouvant s'opérer pendant le mariage par consentement mutuel. On voit donc que dans le silence de la loi, la réactivité du jugement de séparation de biens principale ou incidente n'était pas exigée par les principes du droit commun sur l'effet des jugements. Aussi a-t-il fallu que l'art. 1445, consacrant l'idée de Pothier, prononçât formellement la rétroactivité de la séparation de biens principale pour qu'on put lui reconnaître cet effet. Mais comme nous l'avons dit, cet article ne s'appliquant qu'à la séparation de biens principale c'est une exception qu'il ne faut pas étendre par analogie, surtout quand cette prétendue analogie n'existe pas, comme nous l'avons démontré.

Signalons enfin une contradiction de la part de ceux qui prétendent que la séparation de biens incidente rétroagit, sinon à l'égard des tiers au moins à l'égard des époux, et invoquent à l'appui de leur opinion l'art. 1445, soutenant que cet article ne distingue pas entre la séparation de biens incidente et la séparation de biens principale ; comment échapperont-ils à ce dilemme ; ou bien l'art. 1445 *in fine* s'applique à la séparation de biens incidente où il ne s'y applique pas ; au premier cas la rétroactivité doit se produire à l'égard de tous comme pour la séparation de biens principale ; au second cas elle ne doit avoir lieu contre personne.

Bien que le système que nous avons développé soit unanimement adopté dans l'enseignement de la faculté de droit de Paris comme le constate M. Valette [1] la jurisprudence semble avoir peu tenu compte des ob

---

[1] Explication Sommaire du liv. 1er C. N. pag. 140.

jections décisives tant de fois formulées contre les opinions adverses[1], et les derniers arrêts admettent la rétroactivité tant à l'égard des époux qu'à l'égard des tiers[2].

Nous avons vu (*suprà p. 164*) que l'art. 1444 exige pour la validité de la séparation de biens principale qu'elle soit exécutée dans un bref délai. Le motif qui l'a fait édicter ne se rencontre plus pour la séparation de bien incidente; le délai d'exécution déterminé par l'art. 1444 ne lui est donc pas applicable. Mais à part la rétroactivité que nous lui avons contestée, la séparation de biens incidente produit les mêmes effets que celle qui a été l'objet d'une demande principale, et ce que nous allons dire dans le chapitre suivant s'applique également à toutes les deux.

CHAPITRE V

Des effets de la séparation des biens judiciaire

§ 1

Généralités.

Le principal effet de la séparation de biens judiciaire est de dissoudre le régime matrimonial adopté

---

[1] *Dans le sens de la non-rétroactivité* MM. Valette sur Proud. 1. p. 541 note à Demo. t. IV p. 514 et s. Duranton t. 2, n° 622. — Coin Delisle *Revue Critique* l. VIII. p. 18 etc. Tribunal de Montélimar, 8 mai 1863 (moniteur des trib. 25 juin 1863 *contrà*. Troplong C. de mariage II. 1386 et s. Zachariæ Aubry et Rau t. IV p. 176 note 13 Toullier V. p 129 Cass. 20 mars 1855.

[2] Paris 27 déc. 1860 et 25 av. 1863. Cass. 13 mai 1862. Besançon 15 fév. 1864.

par les époux, et les autres effets particuliers qu'elle produit ne sont eux-mêmes que des conséquences de celui-ci. Nous les examinerons en détail, mais nous remarquerons tout d'abord que si la séparation de biens modifie le réglement primitif des intérêts pécuniaires des époux, tel que leur contrat de mariage, ou la loi, dans leur silence, l'avaient établi, elle ne porte pas atteinte au mariage lui-même, aux droits, aux devoirs qui en dérivent, (art. 212, 214) avec leur sanction légale. La femme reste donc soumise à la puissance maritale et si sa capacité personnelle va se trouver modifiée quand à l'admiuistration de ses biens (*infra* § 3) elle n'en reste pas moins en principe obligée de requérir l'autorisation de son mari pour les actes les plus importants de la vie civile. Le ménage commun ne cesse point (au moins quand elle n'est point acompagnée de la séparation de corps) et c'est pour cela que le législateur (art. 1448) s'est occupé de déterminer dans quelle mesure la femme séparée contribuerait désormais aux charges du ménage.

Certains effets de la séparation de biens se rencontrent sous tous les régimes. C'est ainsi notamment que la capacité de la femme séparée est soumise aux mêmes règles, indépendamment du régime matrimonial adopté par les époux. Donc sous le régime dotal comme sous tout autre régime ou la séparation de biens peut avoir lieu, c'est d'après les mêmes principes que l'on doit résoudre la question de savoir pour quels actes la femme séparée a besoin d'être autorisée par son mari ou par la justice et quels sont ceux pour lesquels elle est dispensée de toute autorisation. Nous

verrons toutefois comment les règles qui gouvernent la
capacité de la femme séparée doivent se combiner avec
le principe de l'inaliénabilité de la dot sous le régime
dotal. Comme la séparation de biens y produit des
résultats tous spéciaux, ce sera un motif pour consacrer un chapitre aux effets de la séparation sous
ce régime.

Lorsque les époux sont mariés sous le régime sans
communauté ou lorsqu'ils sont communs en biens,
la séparation de biens produit des résultats absolument
identiques, sauf ce qui concerne la dissolution de la
communauté que nous allons examiner dès à présent
en ne nous arrêtant qu'aux points qui ont directement trait au sujet de cette thèse.

§ II

De la dissolution de la Communauté au point de vue des
conséquences particulières qu'elle entraîne pour la
femme séparée de biens.

A. *Du défaut d'inventaire.* — Dans les trois mois,
(sauf prorogation du délai par le juge) à dater du
jour de sa dissolution, l'époux survivant doit faire un
inventaire fidèle et régulier de la communauté et
l'omission de cette formalité entraîne contre lui de
graves conséquences : 1° Existe-t-il des enfants mineurs issus du mariage, il perd l'usufruit auquel il
avait droit sur les biens de ces enfants, non-seulement
sur leur part dans la communauté mais sur tous les
autres biens ; 2° la preuve de l'actif de la communauté
peut être faite contre lui non-seulement par titres et

par témoins, mais aussi par commune renommée. Ce
sont là les deux premières sanctions de ce défaut d'inventaire. Elles sont évidemment inapplicables à la
femme séparée de biens, car ce sont là des peines
rigoureuses qu'on ne peut étendre en dehors des cas
prévus par la loi; 3° la femme survivante qui n'a point
dans les trois mois du jour du décès de son mari fait
inventaire de la communauté (sauf prorogation du
délai par le juge) est, selon les uns, de plein droit
acceptante, selon d'autres jurisconsultes, le défaut
d'inventaire dans le délai de l'art. 1456 ne lui enlève
pas la faculté de renoncer, mais seulement elle sup-
portera désormais, nonobstant sa renonciation, les
frais des demandes formées contr'elle par les créanciers. Dans cette opinion on écarte l'objection tirée du
texte de la loi (art. 1456-1459) en rapprochant la
position de la veuve de celle de l'héritier, qui n'ayant
pas fait inventaire dans les délais légaux, peut cependant
encore renoncer utilement à la succession. Pourquoi
dit-on la traiter plus sévèrement que lui? Bien que ce
système soit généralement suivi, nous croyons les
objections tirées du texte des articles 1456 et 1459
trop sérieuses pour pouvoir être écartées par des
arguments d'analogie ou des considérations [1]; mais
sans entrer dans les détails de cette controverse en
dehors de notre sujet, nous avons uniquement à nous
demander quelle est la position de la femme séparée
de biens qui n'a pas dans les trois mois et quarante
jours après la séparation définitivement prononcée

[1] MM. Aubry et Rau d'après Zach. IV p. 354 note 23.

accepté expressément ou tacitement la communauté.
L'art. 1463 doit être appliqué à cette hypothèse ;
selon cet article la femme séparée de corps qui n'a
point dans les trois mois et quarante jours après la
séparation de corps définitivement prononcée accepté
la communauté est censée y avoir renoncé, à moins
qu'étant encore dans le délai elle n'en ait obtenu en
justice la prorogation contradictoirement avec le mari
ou lui dûment appelé ; *a fortiori* devrons-nous, quant
à la femme séparée de biens, donner la même solution,
car si la femme séparée de corps est réputée renonçante lorsque dans le délai sus-mentionné elle n'a pas
accepté la communauté, c'est par ce motif que le
mari étant quasi-saisi des biens communs la femme est
alors de fait en dehors de la communauté et réputée
avoir voulu conserver la position dans laquelle elle se
trouve, si elle n'a pas manifesté son intention d'être
commune dans le délai légal ; or lorsque la communauté est dissoute par la séparation de biens, le mauvais état des affaires du mari fait bien plus raisonnablement supposer encore que dans le cas précédent
la volonté de la femme de rester étrangère à la communauté quand elle a laissé passer sans prendre parti
le même délai [1].

L'article 1483 nous montre une nouvelle conséquence du défaut d'inventaire en temps voulu. En
effet, sans distinguer par quel événement la communauté a été dissoute, il déclare la femme déchue de son
bénéfice de n'être tenue des dettes communes que jus-

[1] MM. Marcadé sur l'art. 1463 n° 3. Aubry et Rau d'après Zach.
p. 351 note 12.

qu'à concurrence de son émolument, lorsqu'elle n'a
pas fait faire l'inventaire régulie : et fidèle de la communauté, et qu'elle n'a pas rendu compte, soit des biens
compris dans cet inventaire, soit de ceux qui lui sont
échus par le partage sans être inventoriés. Cet inventaire, bien que l'art. 1483 ne l'exige pas expressément
doit être fait dans les trois mois de la dissolution de la
communauté ! (arg. d'analog. des art. 1456-1461-
795 C N.); les créanciers ne trouveraient plus en effet
les mêmes garanties dans un inventaire tardivement
fait. Vis à vis des créanciers il est bien certain que la
confection de l'inventaire est nécessaire pour donner
à la femme le droit d'invoquer le bénéfice de l'art.
1483, quelle que soit la cause de dissolution de la
communauté. Mais vis-à-vis du mari nous ne croyons
pas qu'il soit indispensable à la femme veuve ou séparée
de se soumettre à cette formalité pour pouvoir invoquer contre lui le bénéfice de l'article 1483, car il
n'est pas probable, nonobstant les termes trop absolue
de cet article, que les rédacteurs aient voulu abandonner la doctrine de Pothier. Tout ce que la loi a
voulu, c'est que l'émolument de la femme fut fixé à
l'égard du mari ou à l'égard de ses héritiers d'une
manière certaine, incontestable ; il faut donc décider
comme Pothier que l'inventaire pourra dans ce cas
être remplacé par l'acte de liquidation qui suivra le
le jugement de séparation de biens ou par un acte de
partage régulièrement fait avec le mari, ou avec ses
héritiers, au cas de prédécès de ce dernier [1].

[1] Sic M. Duverger. (cours) Pothier n° 745. Duranton. XIV. 489
Aubry et Ran d'ap. Zach. p. 371.

B *Du droit de la femme séparée d'accepter ou de répudier la communauté.* On discutait dans notre ancien droit la question de savoir si après une sentence de séparation de biens la femme pouvait encore accepter la communauté [1]; aujourd'hui la controverse n'est plus possible; l'art. 1453 reconnait à la femme le droit de l'accepter ou d'y renoncer, après la dissolution, d'une manière générale et sans distinguer par qu'elle cause elle a été dissoute. Bien plus! l'art. 174 C. Pr. accorde un délai de trois mois et quarante jours pour faire inventaire et prendre parti sur l'acceptation ou la répudiation, à la femme séparée de biens [2] Il est bien vrai que si l'on s'arrêtait à l'interprétation que le tribun Mouricault donnait de l'art. 874 C. Pr. dans son rapport sur cet article, ou aux paroles prononcées par le tribun Duveyrier [3] dans son rapport sur la section III (*de la dissolution de la communauté etc.* C. N.) on serait amené à décider le contraire; mais les articles 1453 et 174 prouvent surabondamment que c'étaient là des erreurs échappées à ces deux jurisconsultes. L'art. 874 C. Proc. dont la rédaction parait au premier abord conforme à l'interprétation qu'en donnait le tribun Mouricault, n'a cependant d'autre but que de déterminer le tribunal au greffe duquel la femme qui a obtenu la séparation de biens doit faire sa renonciation à la communauté

[1] Voy. chap. 1er.

[2] MM. Duranton XIV. 450. Aubry et Rau. IV § 517 1° et note 4.

[3] « La séparation de biens n'a d'autre effet que de rendre la « femme étrangère à la communauté et les autres causes de dissolution donnent seules lieu au droit d'option » Fenet. T. XIII. p. 733 et s.

quand elle ne préfère pas l'accepter. Ce sera toujours au greffe du tribunal saisi de la demande, bien que le mari pendant l'instance ou postérieurement, ait changé de domicile conjugal [1].

C. *article* 1464. « Les créanciers de la femme peu- « vent attaquer la renonciation qui aurait été faite « par elle ou par ses héritiers en fraude de leurs « créances et accepter la communauté de leur chef. » La faculté que l'art. 1464 accorde aux créanciers de la femme, leur appartient-elle, même dans l'hypothèse prévue par l'art. 1463, c'est-à-dire dans le cas où la femme séparée de corps et de biens ayant laissé passer le délai de trois mois et quarante jours sans accepter la communauté est réputée y avoir renoncé? c'est la seule question que nous ayons à nous poser sur cet article. Dans l'intérêt de la négative on a objecté que la renonciation résulte dans ce cas de la seule abstention de la femme, d'où la difficulté de s'expliquer dans cette hypothèse la possibilité d'un concert frauduleux entre la femme et le mari ou ses héritiers [2]. Mais nous croyons que cette renonciation, que nous supposons à titre gratuit, pourra être attaquée par l'action Paulienne par cela seul qu'elle a été frauduleuse de la part de la femme et préjudiciable à ses créanciers sans qu'il soit nécessaire de prouver la complicité du mari ou de ses créanciers, dès lors peu importe que dans l'hypothèse de l'art. 1463 l'accord frauduleux n'ait pas été possible entre elle et ces derniers [3].

[1] MM. Boitard et Colmet-d'Aage *Leçons de Proc. civile* t. 2 p. 521 et t. 1er p. 367.
[2] M. Bellot des Minières *Traité de C. de mariage* t. 2 p. 342.
[3] MM. Aubry et Rau. t. IV. § 517 texte 4° et note 21.

§ III

De la capacité spéciale de la femme séparée de biens

Avant de déterminer l'étendue de la capacité spéciale que la séparation de biens donne à la femme qui l'a obtenue, nous devons faire cette observation importante que, pour tous les actes ne rentrant point dans les limites de cette capacité particulière telle que nous allons la définir, et découlant, comme nous le verrons, d'un pouvoir de large administration sur ses biens, la femme séparée se trouve placée dans la condition légale ordinaire de toute femme mariée, soumise à une incapacité indépendante en principe du régime adopté par les époux et s'étendant aux principaux actes de la vie civile (art. 215, 217 et s. 1538 etc. C. N.); nous n'avons donc pas à nous occuper ici des actes qu'elle ne peut pas faire seule par suite de cette incapacité commune à toutes les femmes soumises à l'autorité maritale ; nous devons nous borner, pour rester dans notre sujet, à noter les effets spéciaux que produit la séparation de biens relativement à la capacité toute spéciale qu'elle lui attribue. Remarquons encore que sous tous les régimes, que la femme soit ou ne soit point séparée, elle peut faire valablement un certain nombre d'actes, ou être tenue de certaines obligations indépendamment de toute autorisation ; ainsi, pour ne citer que quelques exemples, elle pourra faire relativement à ses biens des actes purement conservatoires ; requérir la transcription d'une donation immobilière qu'elle a reçue, ou de tous

13

actes soumis à la transcription (loi 23 mars 1855) ;
l'inscription de ses hypothèques, soit de celles qu'elle
a sur les biens de son mari, soit de celles qu'elle
pourrait avoir sur les biens d'un de ses débiteurs ; faire
faire des sommations, des saisies arrêts, etc., etc. C'est
ainsi qu'elle peut encore faire seule son testament ;
accepter des donations faites à ses enfants ou petits-
enfants (935 C. N.) ; révoquer une donation par elle
faite à son mari pendant le mariage (1096 2° C. N.)
etc., etc. Comme ce n'est pas un des effets de la séparation de biens, nous ne nous occuperons pas non plus
de cette capacité restreinte de droit commun dont
elle jouit, et qui vient par conséquent s'ajouter à celle
qui lui donne la séparation de biens dont nous allons
exclusivement nous occuper.

La capacité de la femme séparée de biens contractuellement (1536 et s. C. N.) ou judiciairement (1443
C. N.), que cette séparation de biens ait été obtenue
sur une demande principale, ou résulte accessoirement de la séparation de corps, est la même, et les
principes qui la gouvernent sont également applicables à la femme mariée sous le régime dotal, quant à
la gestion de ses biens paraphernaux. Il est vrai que
des auteurs ont voulu distinguer entre la femme
séparée de biens judiciairement et celle qui le serait
par contrat de mariage, ou aurait des paraphernaux,
mais ces distinctions doivent être repoussées [1]. Ce
que nous allons dire de la femme séparée en général
s'appliquera donc également à ces trois situations.

[1] MM. Valette sur Proudh. t. 1 p. 161. Demol. t. IV n° 148. Duranton, XV, 313.

La loi confère à la femme séparée la *libre* administration de ses biens (1449 C. N.); d'où nous tirerons
cette règle générale : qu'elle sera capable de faire
sans autorisation tous les actes qui rentrent dans la
sphère d'une large et pleine administration (c'est
ainsi qu'il faut traduire le mot *libre* dont se sert le
législateur dans l'art. 1449) ; mais sa capacité ne
s'étend pas au delà. C'est ainsi qu'elle pourra, sans
autorisation :

A. Consentir des baux de neuf ans, soit à ferme,
soit à loyer, (1429, 1430, 1718 C. N.).

B. Toucher ses revenus ou ses capitaux et en donner valable décharge ; en poursuivre par voie d'exécution le remboursement, ou donner main levée des
inscriptions hypothécaires prises pour leur sûreté [1].

Un mineur émancipé ne jouit point de cette capacité de donner seul valable décharge de ses capitaux
mobiliers. 482 (C. N.). Donc, si la femme séparée de
biens était encore mineure, elle ne pourrait le faire
valablement comme lui, qu'avec l'assistance de son
mari en qualité de curateur ou l'autorisation de la justice sur son refus.

C. Poursuivre en justice le recouvrement de
ses reprises contre son mari. Il est vrai qu'en
principe elle ne peut ester en justice, même pour
des actes relatifs à son administration (215. C. N.)
sans requérir l'autorisation de son mari ; mais, dans
l'espèce, le jugement qui a prononcé la séparation de

---

[1] Cass. 25 janvier 1826. Grenoble, 19 avril 1842. Aubry et Rau, t. IV,
p. 341. Troplong, II. 1423.

biens l'autorise virtuellement à en poursuivre en justice l'exécution [1].

D. Former une surenchère, lorsqu'elle est la conséquence et l'exécution du jugement qui prononce la séparation de biens. Elle est alors suffisamment autorisée par ce jugement lui-même. Si donc la surenchère est formée par elle sur le prix d'un immeuble frappé de son hypothèque légale, et a pour but d'assurer le recouvrement de la dot, elle doit être regardée comme valable, car la femme est suffisamment habilitée par le jugement de séparation de biens pour tous les actes qui pourraient être faits en exécution de ce jugement; et il faut le décider ainsi, sans distinguer si l'immeuble est vendu par le mari ou par un acquéreur de ce dernier [1]. En dehors de cette hypothèse, c'est-à-dire si la surenchère n'est point la conséquence de l'exécution du jugement qui prononce la séparation de biens, elle ne pourrait valablement être formée par la femme séparée, sans autorisation; c'est plus qu'un acte d'administration, car le surenchérisseur contracte de graves obligations [3].

D. Faire le placement de ses fonds (revenus ou capitaux), soit sur l'Etat, soit sur les particuliers, comme elle l'entendra. C'est ainsi qu'elle pourra, par exemple, acheter des rentes sur l'État, des actions de la Banque de France, des actions dans les sociétés industrielles ou autres, pourvu toutefois qu'après le

---

[1] Cass. 11 avril 1842. Bourges, 25 août 1838, et 25 février 1840.

[2] Bourges, *arr. ci-dessus.* Cass. 29 mars 1853. M. Demol. t. IV n° 133.

[3] Demol. l. cit. Troplong. *Priviléges et hypoth.*, t. IV, n°° 951 et 952.

versement de ses fonds opéré, il ne résulte aucune
obligation personnelle à sa charge. Elle pourra donc
acheter un intérêt ou une action dans une société ano-
nyme ; mais si elle avait, pour opérer le versement de
sa mise, contracté envers un tiers qui lui aurait avancé
les fonds, une obligation personnelle, elle ne serait pas
valablement obligée [1]. Comme la loi ne prescrit à la
femme séparée aucun mode particulier de placement
de ses capitaux ou de ses revenus, nous croyons qu'elle
pourra avec ses fonds actuellement disponibles acheter soit des meubles, soit des immeubles pourvu qu'il
soit bien démontré que c'est à titre de placement.
Nous voulons parler ici de toute sorte de meubles,
soit corporels, soit incorporels ; car, pour les meubles
meublants, pour ceux destinées à l'usage de sa personne
ou de sa maison, ou nécessaires à l'exploitation de ses
biens, il n'est pas douteux qu'elle pourra les acheter
et même s'obliger pour cela sans aucune autorisation.
Elle pourra donc, disons-nous, acheter à titre de placement avec les fonds dont elle peut actuellement disposer, des meubles soit corporels, soit incorporels et
même des immeubles. La loi lui accorde en effet la
libre administration de ses biens ; or, un achat d'immeubles peut comme un achat de meubles être considéré quelquefois comme un acte de libre administration ; et certainement il en est ainsi dans l'hypothèse
qui nous occupe, celle où la femme séparée fait ces
acquisitions *au comptant*, et non *à crédit*. Mais ce droit
de faire, sans aucune autorisation, le placement de ses

[1] M. Delangle. *Des sociétes comm.* t. 1er, p. 61.

revenus ou capitaux, est-il tellement absolu qu'elle puisse même les convertir en rente viagère?

On peut dire pour l'affirmative que bien que ce soit là une manière dangereuse souvent pour elle de placer ses fonds, ce n'en est pas moins un placement, et qu'en l'absence d'une disposition de la loi qui en détermine le mode, c'est à elle à consulter ses intérêts et à employer ses fonds de la manière qu'elle croira la plus avantageuse [1].

Cependant, nous conseillerions en pareil cas à la femme et à ceux qui contracteraient avec elle de ne point traiter sans l'autorisation de son mari ou de la justice, à son défaut ; car il ne faut pas oublier que la capacité de la femme séparée est restreinte dans les limites de son droit de large administration ; or, est-ce bien là un acte d'administration, que l'emploi de ses capitaux en rentes viagères ? On dit que c'est un placement ; cela est vrai, si on applique ce mot à *toute sorte* d'acquisition que la femme pourra faire avec ses revenus ou ses capitaux, mais cela n'est pas exact, si on se place au point de vue du sens habituel que l'on doit donner à ce mot. Pour un administrateur, placer ses fonds, c'est les faire fructifier sans aliéner le capital, ou même aliéner le capital actuellement disponible, mais pour acquérir un équivalent dont le caractère ne soit pas absolument aléatoire. Jouer avec le hasard ne sera jamais administrer. Or, la femme qui place, par exemple, ses capitaux sur la tête d'un tiers (1971. C. N.) s'expose à le voir mourir le lendemain,

[1] Sic MM. Aubry et Rau d'apr. Zach. IV § 516 7° note 58; Troplong, II n° 1422. Caen, 17 juillet 1845.

à se trouver plongée dans une profonde misère par suite d'une spéculation d'autant plus dangereuse qu'elle serait plus fréquente [1]. C'est par application de ces idées que la cour de Cassation a décidé que la femme séparée n'avait pas capacité pour employer ses capitaux mobiliers à des jeux de bourse sans l'autorisation de son mari. Ce n'est plus en effet placer ses fonds, car, disait très-bien la Cour de Paris, les opérations de jeu, que la femme avait, dans l'espèce, chargé un mandataire de diriger pour elle, « ne peuvent être « confondues avec les aliénations et dispositions pour « lesquelles la loi attribue capacité à la femme séparée « de biens dans les limites du droit d'administrer ; « mais ..... constituent des actes de désordre et de dissipation... etc. [2] »

E. Transiger sur les difficultés relatives à son mobilier, dans les limites de son droit de l'aliéner, c'est-à-dire pour cause d'administration. Pour transiger, il faut avoir, en effet, la capacité de disposer des objets compris dans la transaction (art. 2045 C. N.). Mais elle ne pourrait faire un compromis sur aucune contestation. (Art. 1004, 83 n° 6, C. Pr. 1989 C. N.).

F. Aliéner son mobilier corporel ou incorporel, mais seulement dans les limites de son droit d'administration. Elle ne pourrait donc en disposer à titre gratuit, si ce n'est par dons modiques rentrant dans les bornes d'un *cadeau*, d'un *présent* qu'on prélève

---

[1] M. Duverger, à son cours. (1864) Demolombe, t. IV, p. 162. *Contrà* MM. Aubry et Rau d'apr. Zach. t. IV, p. 341, note 38. Caen, 17 juillet 1845.

[2] Arrêt de la Cour de Paris, 30 nov. 1860 suivi d'un arrêt de rejet, Cass. 30 déc. 1862.

sur ses revenus. Le deuxième alinéa de l'art. 1449 semble bien, au premier abord, lui donner le droit d'aliéner son mobilier d'une façon absolue, mais il n'est que le développement de la règle posée dans le premier, d'après lequel la femme séparée ne peut faire sans autorisation, que des actes de libre administration. Si donc l'art. 1449 2° lui permet, en principe, d'aliéner son mobilier, il faut, pour savoir dans quelles limites, se reporter au premier alinéa du même article [1]. Telle est la règle ; mais, comme, très-souvent, les tiers auront été dans l'impossibilité de vérifier les causes de l'aliénation de meubles opérée par la femme, les tribunaux devront tenir compte de leur bonne foi, au cas ou la femme ou le mari viendraient demander la nullité d'une aliénation n'ayant plus le caractère d'un acte d'administration, à moins qu'il ne soit démontré, d'après la nature de l'acte, que les tiers ne pouvaient se faire sérieusement illusion. Ce tempérament à la règle nous semble commandé par l'esprit de la loi ; car, si les tiers pouvaient être inquiétés, indépendamment de leur bonne foi, toutes les fois que l'aliénation mobilière ne pourrait plus être, rigoureusement considérée comme un acte d'administration, la gestion de la femme serait entravée par mille difficultés ; on ne traiterait avec elle qu'avec la plus grande défiance : or, la loi ayant voulu qu'elle administrât son patrimoine, a dû vouloir lui en donner les moyens raisonnables, et ne pas lui rendre impossible en fait, ce qu'elle lui permettait en droit.

[1] Paris, 12 mai 1859. Marcadé, art. 1449. Demolombe, IV, n° 155.

G. S'obliger pour cause d'administration ; par exemple, envers un architecte ou des ouvriers pour réparations ou améliorations à faire à ses immeubles, pour faire planter des arbres, drainer des terrains, ensemencer des champs, etc. — Ce pouvoir de contracter, sans autorisation, des engagements valables dans les limites que nous venons d'indiquer, est une conséquence forcée du droit d'administration que la loi lui confère ; qui veut la fin veut les moyens. C'est un adage dont le premier alinéa de l'art. 1449 C. N. commande une fréquente application dans la matière qui nous occupe.

Mais l'obligation de la femme séparée reconnue valable dans ces limites, on discute la question de savoir si l'exécution pourra en être poursuivie, non-seulement sur ses meubles, mais aussi sur ses immeubles.

Pour la négative, on a fait remarquer que la loi lui défend d'aliéner ses immeubles sans autorisation et sans distinguer entre les aliénations directes ou indirectes (art. 1449 *in fine* C. N.) Or, déclarer ses obligations exécutoires même sur ses immeubles, c'est lui reconnaître le droit de les aliéner indirectement. Donc, dit-on, l'art. 1449 *in fine* est violé [1].

Cependant, l'opinion contraire doit être suivie. En effet, si l'obligation que la femme séparée contracte dans les limites de son droit d'administration est valable (et nous l'avons reconnu), pourquoi ne serait-

[1] En ce sens : MM. Aubry et Rau. IV, p. 346, note 76. Marcadé sur l'art. 1449, n° 3.

elle pas aussi efficace lorsque la loi l'autorise elle-même; que, lorsque la femme est autorisée par son mari. Or, une obligation valablement contractée est, en principe, exécutoire sur tous les biens du débiteur (art. 1449 1° et 2092 comb.) — Mais, dit-on, en donnant à ses créanciers le droit de saisir même ses immeubles, on viole la règle qu'on ne peut faire indirectement, ce que la loi défend de faire d'une manière directe. Mais, on oublie que cette règle n'est pas absolue; et la preuve en est que le tuteur oblige valablement son pupille; et même sur ses immeubles, pour les engagements contractés pour cause d'administration, et, cependant, il est incapable d'aliéner seul directement les immeubles du mineur. De même le mandat conçu en termes généraux (1988) ne donne pas au mandataire le droit d'aliéner, et, cependant, les obligations par lui contractées pour cause d'administration des biens du mandant, seront exécutoires, tant sur les meubles que sur les immeubles de ce dernier [1].

Si l'obligation contractée par la femme séparée, sans autorisation, était étrangère aux besoins de son administration, elle ne serait pas même exécutoire sur son mobilier. Elle ne peut, en effet, l'aliéner directement ou indirectement par ses obligations que pour cause d'administration (art. 1449). Si, comme nous l'avons admis, elle est capable de s'obliger pour des actes se rattachant à cette cause, c'est que cela résulte implicite-

[1] MM. Valette et Duverger, à leur cours. Demo. t. 4, n° 161. Valette sur Proudhon, t. 1, p. 463. Duranton, 11, n° 492. Brives-Gazes, Revue de législation, t. 1 - p. 13, 1852. Rodière et Pont, t. 2, n° 803. Contrà MM. uA, bry et Rau d'apr. Zach. t. IV, p. 346, note 76. Maréadé, sur l'art. 1449 n° 3.

ment de la disposition principale de l'art. 1449 (premier alinéa) qui, lui donnant le droit d'administrer sa fortune lui en attribue virtuellement les moyens (*ci-des.*, p. 205); mais, en dehors de cette exception, nous retombons dans la règle générale d'après laquelle la femme mariée même séparée ne peut s'obliger sans l'autorisation de son mari ou celle de la justice à défaut de la première. (art. 217 C. N.). D'après l'art. 217 C. N., en effet, elle ne peut ni *donner* ni *acquérir* à aucun titre sans y être autorisée; or, en s'obligeant à titre gratuit elle *donnerait*, en s'obligeant à titre onéreux elle *acquerrait* un équivalent de ce qu'elle donne. Donc, de la combinaison des diverses incapacités prononcées contre la femme mariée, par l'art. 217 C. N., il résulte qu'elle ne peut s'obliger, en principe, à aucun titre. Mais, quand même l'argument que nous venons de tirer de l'art. 217 ne serait pas décisif, cette incapacité de s'obliger n'en résulterait pas moins des articles 220, 221, 222, 224, C. N. C'est ainsi que l'art. 220 accorde sous forme d'exception à la femme marchande publique le droit de « *s'obliger pour ce qui concerne son negoce, etc.* » ce qui suppose en principe la règle contraire pour les femmes mariées non autorisées par leur mari à faire le commerce. D'un autre côté, les autres articles que nous invoquons (art. 221 et s.) ne sont que l'expression de la règle générale que nous avons prétendu faire résulter de l'art. 217. C'est ce que démontrent les mots *contracter*, *passer un acte*, qu'ils renferment. Il est vrai que le Tribunat avait demandé que l'on déclarât formellement dans l'art. 217 la

femme mariée incapable de s'obliger, et que le conseil
d'État n'en conserva pas moins la rédaction primitive,
mais pourquoi? parce que cet article sainement
entendu suffisait pour établir le principe qu'on
voulait y faire textuellement insérer. Le Tribunat ne
voulait du reste qu'éviter un doute possible « *il pourrait s'élever quelque doute sur cette prohibition*,
disait-il [1]. Un second motif pour le conseil d'État de
ne point accueillir la demande du Tribunat, était le
désir de prévenir cette fausse idée que l'insertion
réclamée aurait pu faire naître si elle avait été opérée,
que l'incapacité de la femme mariée s'étendait même
aux obligations nées de ses délits ou de ses quasi-délits.

La femme mariée même séparée ne peut s'obliger,
voilà donc la règle. Nous avons mentionné l'exception
résultant pour elle de l'art. 1449 ; donc, en dehors de
cette exception, elle devra pour contracter valablement
des obligations, requérir l'autorisation de son mari, ou
sur son refus, celle de la justice; sinon, elles ne seraient
pas plus exécutoires sur son mobilier que sur ses immeubles. C'est ainsi qu'un emprunt étranger à l'administration de ses biens, une obligation de faire, telle
qu'un engagement dramatique, un achat d'immeubles
à crédit, le cautionnement de la dette contractée par
un tiers pour se libérer du service militaire, devraient
être déclarés nuls pour défaut d'autorisation. Quant à
l'engagement de jouer sur un théâtre, il y a un motif
de plus pour exiger, dans ce cas, l'autorisation de son
mari. La puissance maritale recevrait une atteinte

---

[1] Locré Législ. civ. t. 4 p. 458 et s.

funeste si la femme pouvait embrasser publiquement la profession d'actrice sans requérir son autorisation [1].

Des auteurs reconnaissent à la femme séparée de biens le droit de procéder sans aucune autorisation, au partage conventionnel de successions mobilières ouvertes à son profit [2]; mais nous croyons mieux fondée l'opinion de ceux qui exigent qu'elle requière dans cette hypothèse l'autorisation de son mari, car ce n'est pas là un acte d'administration : peu importe que, par une fiction de droit, le partage ne soit que déclaratif; il n'en est pas moins vrai que la femme peut être amenée à faire dans un partage amiable des concessions très regrettables, à ses co héritiers; accepter de mauvais lots, de mauvaises créances. — En défendant au tuteur d'intenter de sa propre volonté une action en partage même de successions mobilières échues au mineur, alors qu'il peut en principe intenter toutes les actions mobilières de son pupille ; en refusant au mari le même droit pour les successions mobilières échues à sa femme qui ne sont point destinées, par suite du régime adopté ou d'une clause de testament, à tomber en communauté, alors qu'il rentre cependant dans ses pouvoirs d'administration d'intenter seul les actions mobilières de sa femme, le législateur montre bien qu'il a considéré le partage comme un acte très grave et sortant des bornes même d'une large administration. La femme pourra donc seulement faire, sans autorisation, un partage provi-

[1] MM. Vivien et Blanc *Tr. de la législ. des théâtres* n° 215, p. 131.
[2] MM. Troplong, II. 1421. Duranton, VII; 128. Zach. Aubry et Rau, t. IV p. 341.

sionnel qui n'est en réalité qu'une répartition de fruits et de revenus.

S'il s'agissait d'un partage judiciaire, elle ne pourrait sans aucun doute ni le provoquer ni y défendre, car elle ne peut en principe ester en jugement sans y être autorisée, (art. 215 C. N.). C'est là une raison de plus pour rejeter le système que nous venons de combattre au sujet du partage à l'amiable. Car ne serait-il pas étrange que la femme eut besoin d'être autorisée pour figurer valablement dans le partage judiciaire d'une succession mobilière à elle échue en partie, et qu'elle fut dispensée de toute autorisation pour procéder à un partage amiable, alors cependant que ce partage lui offre bien moins de garanties que le partage judiciaire.

En refusant à la femme séparée le droit de figurer dans un partage de succession même mobilière à elle échue, sans y être autorisée, il faut cependant lui reconnaître la faculté de requérir sans autorisation, l'apposition des scellés sur les effets de la succession ou de les faire inventorier, car ce sont là simplement des actes d'administration.

Bien que la femme séparée ait le droit de s'obliger pour cause d'administration de ses biens, il ne s'en suit pas qu'elle puisse garantir par une constitution d'hypothèque l'exécution de ses engagements valablement contractés pour cette cause. Une personne capable de contracter seule tel engagement ne l'est pas, par cela même, de constituer une hypothèque pour en assurer l'exécution. Il faut une capacité toute spéciale pour ces actes toujours graves altérant, à la fois, et le

crédit du débiteur, et le crédit public. Il ne suffit pas
de pouvoir s'obliger, il faut avoir le droit d'aliéner
d'une manière absolue les biens qu'on veut affecter de
ce mode de garantie (2124). Or, la femme séparée ne
peut aliéner ses immeubles, (217 1449 C. N.) sans
l'autorisation de son mari ou de la justice sur son
refus; donc elle ne peut, sans la même autorisation, les
hypothéquer pour aucun motif. De même, un tuteur,
bien qu'il puisse obliger le mineur pour cause d'administration par sa seule volonté, et bien que dans ce cas
cette obligation soit exécutoire sur tous les biens,
même les immeubles de ce dernier, ne peut les
hypothéquer pour aucun motif, sans l'autorisation du
conseil de famille et l'homologation du tribunal,
données sur la justification par lui apportée de la
nécessité absolue ou de l'avantage évident qu'il y a de
le faire (art. 457, 458, 2120 C. N.).

Quoique la femme séparée soit capable de toucher
ses capitaux et ses revenus, et puisse en poursuivre le
remboursement par voie d'exécution, sans aucune
autorisation, elle ne peut cependant, sans l'accomplissement de cette condition, ester en justice soit comme
demanderesse, soit comme défenderesse dans une
instance relative à ses capitaux ou à ses revenus. L'art.
215 défend à la femme mariée de plaider sans autorisation, étend textuellement cette incapacité à la femme
séparée de biens (215 *in fine*). On aurait pu croire en
effet que jouissant de la libre administration de ses
biens elle pourrait, sans y être autorisée, ester en jugement en ce qui concernait cette administration. C'est
bien ainsi qu'on avait raisonné dans l'ancien droit.

C'est, nous dit effectivement Pothier, « une suite de ce pouvoir (d'administrer) que la femme puisse donner les demandes qui concernent cette jouissance et y défendre sans le consentement de son mari qui n'y a *aucun intérêt* » [1]. Les rédacteurs du Code Napoléon, contrairement au sentiment de nos anciens jurisconsultes, n'ont en aucun cas regardé l'action de plaider comme rentrant dans les pouvoirs d'administration de la femme séparée, et ont considéré le mari comme étant toujours, moralement, sinon pécuniairement, intéressé à ce que sa femme ne s'engageât pas dans un procès sans son autorisation.

§ 4

De la contribution de la femme judiciairement séparée aux charges du ménage et aux frais d'éducations des enfants communs.

La séparation de biens ne résout pas les obligations que fait naître le mariage entre les époux; dès lors il est naturel que la femme qui l'a obtenue, contribue aux charges qu'il entraîne, aux frais du ménage, à ceux d'éducation des enfants communs proportionnellement à ses facultés et à celles de son mari, et les supporte même en entier s'il ne reste plus rien à ce dernier. (1448 C. N.). C'est donc à la justice, s'il s'élève à ce sujet des difficultés entre les époux, à apprécier leurs ressources respectives.

[1] Pothier. Puissance du mari, n° 62. — *Id.* de Laurière, *Cout. de Paris* art. 224.

La loi elle-même a réglé le *quantum* de la contribution de l'un et de l'autre époux aux dépenses communes, lorsqu'ils sont séparés de biens contractuellement, ou lorsqu'étant mariée sous le régime dotal
la femme n'a que des biens paraphernaux ; dans ces
deux hypothèses, et à défaut de convention expresse
sur ce point dans le contrat, la femme doit contribuer pour le *tiers* de ses revenus aux charges du
mariage (art. 1537, 1575, C. N.). C'est là une différence entre la séparation de biens contractuelle ou la
situation légale de la femme qui n'a que des biens
paraphernaux, et la séparation de biens judiciaire à laquelle les art. 1537 et 1575 ne sont point applicables.
Notons, toutefois, que ce réglement de contribution de
la femme aux deux cas que nous venons d'indiquer
devrait être modifié, si les revenus du mari joints aux
tiers versé par la femme entre ses mains, étaient insuf-
fisants pour subvenir aux besoins réels du ménage ; la
femme devrait alors fournir le complément de ce qui
est nécessaire (art. 203, 212, 1448 2ᵐᵉ alinéa) ; les
tribunaux régleront, en ce cas, la part de la femme *ex
æquo et bono*, soit que le réglement de cette contribution qu'il s'agit de modifier, résulte tacitement de la
loi dans le silence des parties (art. 1537, 1575, C. N.);
soit qu'il ait été expressément opéré par une clause
du contrat de mariage [1].

La loi a compris dans les charges du mariage
auxquelles les époux doivent chacun contribuer aux
termes de l'art. 1448 C. N., les frais d'éducation des

[1] Cass. 2 juillet 1851. Poitiers, 13 mai 1856. Marcadé, sur les art.
1536 et 1537 2°. MM. Zachariæ Aubry et Rau, t. IV, § 532 I°.

enfants communs, mais non pas des enfants que l'un ou l'autre époux pourrait avoir d'un premier lit. Ainsi la femme n'aura rien à payer pour l'entretien et l'éducation d'un enfant qu'un précédent mariage aurait donné au mari ; mais la présence de cet enfant pourra influer indirectement sur le réglement de la contribution réciproque des époux aux dépenses communes, en ce que les ressources du mari obligé de le nourrir et de l'élever se trouvant par cela même diminuées, la part de la femme pourra être augmentée ; car contribuant tous deux *en proportion de leurs facultés* aux frais du ménage, il faudra bien, pour apprécier leurs facultés respectives, examiner quelles sont les charges particulières qui pèsent sur chacun d'eux. De même si la femme avait eu un enfant d'un premier lit le mari n'aurait point à contribuer aux frais de son éducation ou de son entretien, mais sa présence pourra lui nuire indirectement, comme nous venons de l'expliquer, en faisant diminuer la part contributive que la femme doit verser entre ses mains.

Comme le mari reste nonobstant la séparation de biens le chef du ménage, la femme est obligée, en principe, de verser entre ses mains la somme pour laquelle elle doit contribuer aux dépenses communes. Ce serait, en effet, porter atteinte à la puissance maritale que de permettre, en règle générale et sans nécessité absolue, à la femme, de payer directement jusqu'à concurrence de sa part contributoire les fournisseurs du ménage et les maîtres des enfants. Le mari doit donc, selon l'expression de M. Demolombe, « tenir les

cordons de la bourse[1] » puisqu'il est le chef. Voilà
la règle générale. Cependant il peut se présenter telle
situation où les tribunaux pourraient le décider autrement, car supposez que le mari, à peine en possession
de l'argent que sa femme lui remet, se hâte de le dissiper au jeu, en folles dépenses; ses habitudes de
prodigalité sont notoires; sa femme, ses enfants sont
dans un état voisin de la misère; il leur impose par
son inconduite toute sorte de privations, alors que
l'emploi régulier de l'argent de sa femme pourrai
procurer à celle-ci une vie aisée et à ses enfants les
moyens de développer par l'éducation leurs facultés
morales et intellectuelles, faudra-t-il, en présence de
ces faits, que les tribunaux s'avouent impuissants,
qu'instruits de ces souffrances domestiques il ne puissent y porter remède? Très souvent, il est vrai, il y
aura dans ces circonstances, dans le caractère des
dissipations du mari, un motif suffisant pour faire prononcer la séparation de corps pour injure grave; mais
il peut aussi bien arriver que les faits allégués par la
femme n'aient point ce caractère, ou que la femme
recule devant un procès de ce genre toujours funeste
au bonheur des enfants et à la considération de la
famille. Qu'on songe enfin à ce qui arrivera au cas où
la femme aura obtenu la séparation, uniquement pour
soustraire aux dissipations de son mari le produit de
son travail ou de son industrie, sa seule dot; ne per-
drait-elle point presque tout le profit de cette séparation, si le mari pouvait impunément continuer à

_____

[1] Demolombe, op. cit. p. 109 n° 87.

dépenser, comme par le passé, la part des produits de
ses labeurs qu'elle verse entre ses mains pour les
frais du ménage et l'éducation de ses enfants. Il ne
faut pas perdre de vue que le pouvoir marital, aussi
large qu'il ait été constitué par le législateur, n'est
point pour cela absolu, mais avant tout un pouvoir de
protection, (V. *suprà, introd. gener.* p. 101) (213 C. N.)
s'exerçant en principe sous le contrôle de la justice ;
Nos lois nous montrent, en effet, beaucoup de cas où la
justice est appelée à exercer ce contrôle salutaire sur
la puissance maritale et à y faire échec, s'il y a lieu,
(voyez notamm. art. 218, 219, 306, 267, 1443, etc.
C. N.). et nous croyons que c'est se conformer aux
vues générales qui ont guidé le législateur dans l'organisation de cette puissance, que d'admettre ici, et
en outre par les autres raisons sus énoncées, la faculté
pour le tribunal d'autoriser la femme à payer directement, soit les fournisseurs du ménage, soit les maîtres
de pension de ses enfants. Mais nous nous hâtons
de dire que les juges doivent se montrer très-
réservés sur ce point et prendre surtout conseil de la
nécessité, sans se contenter du simple avantage qui
pourrait en résulter pour la femme et pour les enfants [1].

Mais, s'il s'agissait pour la femme séparée de biens
de se libérer envers un de ses enfants majeur, de sa
part de la pension alimentaire que les deux époux auraient été condamnés à lui payer, elle ne pourrait

---

[1] Paris 5 août 1807, Caen, 8 avril 1851. MM. Zach. Aubry et Rau, t. IV
p. 342. Demolombe, t. IV. p. 110. Troplong, II, n° 1435. Marcadé, sur
l'art. 1448.

sans aucun doute, être tenue de verser entre les mains de son mari sa part de contribution et pourrait la remettre directement à son enfant [1].

La part contributoire de la femme dans les dépenses du ménage et les frais d'éducation des enfants doit être fixée, comme nous l'avons dit, d'après les facultés respectives des époux. Remarquons à ce sujet que l'appréciation des ressources de la femme doit se faire en supposant qu'elle habite avec son mari, comme elle y est légalement obligée, nonobstant, la séparation de biens. Peu importe donc qu'en fait elle ait une autre résidence dans une habitation séparée, dont la location est pour elle une nouvelle cause de dépense. — Si le mari ne lui offrait pas un logement convenable à sa position, et si, par ce motif, elle était obligée de louer un appartement séparé, le juge pourrait lui en tenir compte au point de vue du règlement de sa part contributoire, car elle aurait alors un motif légal de justifier la nouvelle dépense qu'elle s'impose en désertant l'habitation du mari ; mais, bien entendu, celui-ci, en lui offrant un logement décent et conforme à sa position, pourrait exiger qu'elle revint avec lui. (art 214 C. N.).

Pour assurer l'exécution de l'obligation de payer régulièrement sa part contributoire, la loi n'astreint la femme à fournir aucune sûreté particulière à son mari. Il ne pourrait donc retenir l'administration de tout ou partie de ses biens pour en garantir le paiement.

[1] Rouen, 8 Juin 1824. Dalloz, *Contrat de mariage*, n° 1053.

Terminons par une observation relative aux tiers qui auraient fourni aux époux les choses nécessaires aux dépenses du ménage. A qui pourront-ils utilement s'adresser pour le paiement de leurs fournitures? Peuvent-ils poursuivre indistinctement le mari ou la femme?

Nous croyons qu'en principe ils ne pourront s'adresser directement qu'au mari [1], pour le paiement de leurs fournitures, qu'elles aient été livrées à lui ou à sa femme. Chef du ménage, il doit seul être connu des fournisseurs; c'est avec lui seul qu'ils ont entendu traiter; et, si c'est la femme elle-même qui leur a acheté les objets nécessaires à l'alimentation ou à l'entretien des époux, elle doit être considérée comme ayant agi en qualité de mandataire de son mari; mais s'ils ne peuvent poursuivre directement la femme, ils pourront toutefois en exerçant les droits de leur débiteur, le mari, (1166) la faire condamner jusqu'à concurrence de la part contributoire qu'elle doit verser entre les mains de celui-ci. (1449).

§ V. *De la responsabilité du mari quant à l'aliénation des immeubles de sa femme.*

La séparation de biens ne détruit pas le plus souvent l'influence du mari sur les déterminations de la volonté de sa femme. Il continue a peser fortement sur la plupart des résolutions qu'elle prend. De là la disposition de l'article 213: « Le mari n'est point garant

---

[1] L'arrêt de Cassation du 20 av. 1864 n'est pas contraire à cette décision, il statue sur une espèce où il était établi *en fait* que le mari avait agi comme mandataire de sa femme.

« du défaut d'emploi ou de remploi du prix de l'im-
« meuble de la femme séparée a aliéné avec l'autorisa-
« tion de la justice, à moins qu'il concouru au contrat
« ou qu'il ne soit prouvé que les deniers ont été reçus
« par lui ou ont tourné à son profit. Il est garant du
« défaut d'emploi ou de remploi, si la vente a été faite
« en sa présence et de son consentement. Il ne l'est
« point de l'utilité de cet emploi. »

Cet article tranche une controverse soulevée par nos
anciens jurisconsultes. C'était, en effet, une question
très-débattue dans notre ancien droit que celle de savoir si le mari ayant « simplement autorisé » sa
femme à vendre un de ses immeubles « et à en toucher le prix, » était tenu, la vente une fois effectuée, du
remploi du prix envers sa femme ou ses héritiers
Pothier adoptait l'affirmative, parce que « sans cela »
disait-il, « la séparation serait une voie ouverte à un
« mari pour s'approprier tout le bien de sa femme
« par l'abus de la puissance qu'il a sur elle, pour la
« forcer à vendre ses fonds et à lui en passer le prix
« de la main à la main, sans qu'il n'y parut rien ; il
« n'y a pas d'autre moyen de remédier à cet incon-
« vénient que celui d'obliger le mari à faire l'emploi
« dont on vient de parler. On ne fait en cela aucun
« grief au mari au pouvoir duquel il est ou de ne pas
« autoriser sa femme à vendre ses héritages, ou, lors-
« qu'il l'y a autorisée, de tenir arrêté chez le notaire,
« le prix, jusqu'à ce qu'on ait trouvé à en faire em-
« ploi ; lorsque les deniers ne se trouvent plus sans

2 Poth. *Tr. de la Comm.*

« qu'il en ait été fait emploi, *le mari est légitimement*
« *suspect* de se les être appropriés, et il doit en
« conséquence en être responsable... » Mais Pothier
ne fonde pas sa responsabilité sur la seule idée de
suspicion, sur la présomption qu'il s'est approprié les
fonds, il ajoute cet autre motif « que la séparation de
« biens ne donnant à la femme que le droit d'adminis-
« trer ses biens et d'en recevoir les revenus, la femme
« séparée, demeure, quant à sa personne et quant à
« la disposition de ses fonds, sous la puissance et le
« gouvernement de son mari. Or, c'est une suite de
« ce gouvernement... qu'il soit tenu de veiller à la
« conservation des fonds de sa femme et à faire un
« emploi du prix quand ils sont aliénés. » Tels sont
les motifs allégués par Pothier à l'appui de son opinion. Mais un arrêt de 1748 paraissait contredire
des arrêts précédemment rendus dans le sens de la doctrine de ce jurisconsulte. Pothier les conciliait en disant
que, dans le cas des arrêts qui avaient rendu le mari
garant de l'emploi, celui-ci *était suspect* d'en avoir
tiré profit, et que, dans le cas jugé par l'arrêt de 1748,
il ne l'*était pas*. « Notre article (1450) a pris une
base plus fixe » dit M. Maleville [1], En effet Il prévoit
deux hydothèses :

1° Ou bien la femme a vendu avec l'autorisation de
la justice, sur le refus de son mari de l'habiliter à faire
cette vente. En ce cas il n'est point responsable, en
principe, du défaut d'emploi du prix, à moins qu'il n'ait
concouru au contrat ou qu'il ne soit prouvé qu'il a

[1] Maleville, *Analyse raisonnée*, etc. art. 1450, C. Napoléon.

reçu les deniers ou en a profité, et cette preuve pourra être faite, soit par témoins, soit par simples présomptions, à cause de l'impossibilité morale où sa femme s'est trouvée, par suite de sa dépendance vis-à-vis de son mari, d'exiger de lui une preuve écrite de la réception des deniers [1].

2° Ou bien la vente a été faite « *en sa présence et de son consentement,* » dit l'art. 1450. Il est alors légalement présumé avoir touché le prix comme au cas où, la vente ayant été autorisée par la justice, il a assisté au contrat, ou, *à fortiori*, à la remise de la quittance. Mais c'est là une présomption légale qui n'exclut pas la preuve contraire, et nous croyons que ce serait ajouter à la loi, que d'admettre avec MM. Aubry et Rau, que le mari, par cela seul que le contrat a été passé avec son consentement, n'est plus admis à prouver que le prix a été touché par sa femme [2].

Pour que le mari tombât sous le coup de cette présomption légale, il ne suffirait pas, si l'on s'en tenait à la lettre de l'art. 1450, qu'il eut simplement donné à la femme son consentement à la vente ; il faudrait qu'il eut de plus été présent à la conclusion du contrat. Aussi plusieurs jurisconsultes s'attachant au texte de la loi exigent ces deux conditions réunies, pour que le mari soit *légalement suspect,* comme disait Pothier, d'avoir touché le prix [3] ; mais il nous semble plus conforme à l'esprit de la loi de reconnaître le mari légalement

[1] Sic MM. Aubry et Rau d'ap. Zachariæ t. 4 p. 344 note 72.
[2] Marcadé sur l'art. 1450. Benech, *de l'emploi et du remplot,* n° 148. *Contrà* MM. Aubry et Rau sur Zach. t. IV, p. 344, notes 70 et 71.
[3] Marcadé sur l'art. 1450 Bellot des Minières, t. II, p. 159.

présumé avoir touché le prix, par cela seul qu'il a
donné à la femme son consentement [1] pour la vente
de son immeuble, et bien que le contrat ait été passé
hors de sa présence ; car Pothier ne mettait à sa responsabilité d'autre condition que son *autorisation*
d'aliéner donnée à la femme (*suprà* texte cité). Est-ce
que d'ailleurs son assistance, sa présence effective au
contrat ajoute quelque chose à sa participation? et le
danger que signalait autrefois Pothier ne subsiste-t-il
pas aujourd'hui? Ne serait-il pas, en effet, trop facile au
mari de se soustraire aux conséquences de la présomption légale établie contre lui dans l'art. 1450 en s'abs-
tenant prudemment de figurer dans un marché auquel il aurait entraîné sa femme par toute sorte d'obses-
sions, pour en tirer ensuite lui seul profit. Le péril
pour la femme est ici d'autant plus évident qu'elle
sera poussée à cette aliénation sans souvent se
rendre bien compte de la direction imprimée à son
esprit, par suite de cette influence occulte, mais non
moins efficace, que ceux que l'on respecte ou qu'on
aime exercent sur la volonté.

Du reste, le mari en autorisant l'aliénation, ou la
justice, sur le refus du consentement du mari, peuvent
y mettre pour condition que la femme fera un emploi
déterminé du prix de la vente, et cette condition sera
obligatoire pour l'acheteur.

Nous avons fondé la responsabilité du mari sur
cette seule présomption, qu'ayant participé par sa

---

[1] Quant à la forme de ce consentement, l'art. 217 exige, pour
que la femme soit valablement autorisée à contracter, qu'il soit
donné par écrit ; sinon, le mari doit concourir dans l'acte.

présence ou par son consentement à l'aliénation opérée par la femme, le plus souvent sous son influence, il
a du s'emparer des fonds. Il est légalement suspect de
se les être appropriés, sauf à lui à détruire par la preuve
contraire de cette présomption. Mais Pothier donnait
à la responsabilité du mari dans le cas où il avait
autorisé la vente et quand aucun emploi du prix n'avait
eu lieu, un autre motif. Le mari, selon lui, (v. texte
cité *suprà*) était en faute de n'avoir pas veillé à la conservation des deniers de sa femme et à ce qu'il en
fut fait emploi. Ce motif ne peut pas être donné aujourd'hui, car la femme séparée est maitresse de placer ses fonds comme elle l'entend, sans que le mari
puisse s'ingérer dans des actes d'administration que
la loi lui interdit. Si elle fait un mauvais emploi de
ses fonds, le mari n'en est nullement responsable
(1450 *in fine*). Il n'est garant que du défaut d'emploi
et non pas de la mauvaise nature de cet emploi ; ce
qui prouve bien que le législateur en rédigeant l'article 1450 n'est point parti de cette idée que le mari
devait veiller à ce que le prix de l'immeuble profitât
à la femme ; tout ce qu'il a voulu, c'est qu'il ne
se l'appropriât point. L'art. 1450 n'a pas d'autre
base.

Les dispositions de l'art. 1450 que nous venons
d'examiner ne doivent pas se restreindre dans leur
application au cas de séparation de biens judiciaire. Il
n'y a aucun motif pour ne point les étendre au cas
de séparation de biens contractuelle ou de parapher-
nalité.

Nous dirons même qu'elles doivent a *fortiori* embrasser ces deux dernières hypothèses ; car, si l'influence redoutable du mari sur les déterminations de la volonté de sa femme a fait édicter l'art. 1450 pour la protéger, quand elle est judiciairement séparée de biens, à plus forte raison le législateur devait-il songer à protéger contre la même influence la femme séparer par son contrat ou administrant sa fortune paraphernale, car elle subira bien plus les entraînements de son mari que celle qui a été contrainte de se faire séparer de biens en justice, et qui, par cela même, a un motif tout particulier de se tenir sur ses gardes contre les sollicitations de son mari. Aussi cette solution est généralement adoptée soit par les auteurs, soit par les arrêts [1].

CHAPITRE VI

Des effets spéciaux de la séparation de biens judiciaire sous le régime dotal

§ I

De la condition de la dot après la séparation

I. — DE L'INALIÉNABILITÉ DE LA DOT

Dans les premières années qui suivirent la promulgation du Code Napoléon, on soutint que la séparation de biens faisait cesser l'inaliénabilité de la dot quand

[1] MM. Benech. *De l'emploi et du remploi*, p. 279. Marcadé sur l'art. 1450 n° 3. Aubry et Rau t. IV, § 541 3°, Caen, 21 mai et 15 juin 1851. Agen, 3 déc. 1852. Paris, 7 mai 1853. Cass. 27 av. et 27 déc. 1852. *Contrà*, Sérizial *Régime dotal*, n° 347. Toulouse, 27 mars 1840 et 15 déc. 1849.

elle était prononcée sous ce régime. En effet, disait-on,
quand elle a lieu sous le régime de la communauté,
elle fait complétement disparaître cette communauté,
elle lui substitue un régime nouveau ; pourquoi donc,
prononcée sous le régime dotal, ne ferait-elle pas disparaître également tout ce qui caractérise ce régime
et par conséquent l'inaliénabilité de la dot ? D'ailleurs,
disait-on, ce qui prouve bien que tel est l'esprit de la
loi, c'est la disposition de l'art. 1561 d'après laquelle
le fonds dotal devient prescriptible après la séparation.
Or, l'imprescriptibilité cessant, l'inaliénabilité doit
disparaître aussi, car elle est la cause de la première ; l'esprit de la loi est de faire cadrer rigoureusement l'une avec l'autre. On argumentait enfin de l'art.
1560 ainsi conçu : « Si la dot est mise en péril la
« femme peut poursuivre la séparation de biens
« *ainsi qu'il est dit aux articles 1443 et suivants.* »
Or, l'art. 1449, d'après lequel la femme séparée peut,
dûment autorisée, aliéner ses immeubles se trouve
compris dans la généralité de ce renvoi [1].

Mais la doctrine et la jurisprudence ne se sont pas
laissé arrêter par ces raisons plus spécieuses que
solides. En effet, il est d'abord inexact de dire que
l'inaliénabilité et l'imprescriptibilité soient deux principes tellement liés l'un à l'autre que la première venant
à cesser la seconde doive également disparaître ; et si
tout bien aliénable est prescriptible, il ne s'en suit pas
que tout bien prescriptible soit nécessairement aliénable ; la preuve en est dans l'art. 1561, 2° placé dans

[1] Toullier, t. XIV n° 253. Delvincourt t. 3, p. 114. Nîmes 23 av.
1812.

dans la matière même qui nous occupe. Il résulte de cet article que l'imprescriptibilité ne s'applique pas aux immeubles dotaux dont la prescription a commencé avant le mariage, et cependant ils deviennent inaliénables comme tout autre fonds constitué en dot par la femme. Quant aux derniers mots de l'art. 1563 dont ont voulu, dans le système adverse, tirer un nouvel argument, ils ne renvoient aux art. 1443 *et suivants* que pour indiquer à quelles conditions et dans quelles formes la séparation doit être prononcée et exécutée. Elle ne doit pas d'ailleurs mettre fin à la protection dont la loi a environné la femme mariée sous le régime dotal, et il y avait d'autant plus de raison de lui conserver, même séparée, cette garantie résultant de l'inaliénabilité de la dot, que la séparation de biens, (sauf les effets particuliers de la séparation de corps qui peut l'entraîner accessoirement), ne détruit pas la vie commune, le devoir de cohabitation ; la femme reste ce qu'elle était, toujours plus ou moins dépendante de son mari. Pendant toute la durée du mariage l'inaliénabilité de la dot devait donc persister. C'est bien ce que disait M. Portalis : « l'inaliénabilité n'existe et n'a de résultat que *pendant la durée du mariage ; elle s'évanouit aussitôt qu'il est dissous* [1] ; donc jamais avant sa dissolution. L'art. 1554 nous paraît enfin décisif, car il déclare formellement le fonds dotal inaliénable *pendant le mariage* sauf les exceptions qu'il indique et parmi lesquelles ne se trouve point mentionné le cas de séparation de biens.

---

[1] Locré, t. XIII, p. 209, séance du 13 vendém. an XII.

Les immeubles dotaux ne peuvent donc, même après
la séparation de biens, être aliénés ou hypothéqués
que dans les exceptions prévues par les art. 1555-1559
C. N. et sous les conditions par eux prescrites [1]. Elle
laisse d'un autre côté subsister à tous les points de
vue la distinction entre les biens dotaux et les biens
paraphernaux ; elle n'empêchera donc point que les
biens acquis pendant le mariage, et qui eussent été
dotaux d'après les conventions matrimoniales, ne le
soient également. Par exemple, si la femme s'est
constitué en dot tous ses biens présents et à venir, les
biens qui lui adviendront par succession ou par donation postérieurement à la séparation de biens, revê-
tiront le caractère dotal comme s'ils lui étaient antérieurement échus. Mais l'immeuble cédé par le mari à
sa femme après la séparation, en paiement de ses deniers dotaux, n'est point dotal, c'est-à-dire inaliénable [2],
mais bien qu'il soit la représentation de sa dot mobilière, pourra-t-il être soumis d'une manière absolue
aux exécutions des créanciers de la femme. Pourra-t-
il être saisi et vendu par eux comme un immeuble
paraphernal ? La plupart des arrêts soumettent l'exercice du droit des créanciers de la femme à certaines
restrictions. C'est ainsi que des cours ont décidé que
les créanciers ne pouvaient faire vendre l'immeuble

[1] Dans notre ancienne jurisprudence française il n'est pas douteux, qu'après comme avant la séparation de biens, l'immeuble dotal
restait inaliénable (conf. une note de M. Valette. *Revue étrangère et
française* t. VII p. 242 et M. Tessier, *Traité de la dot*, t. I. n° 58 note
502. Cass. 29 juillet 1862.
[2] Sic. MM. Aubry et Rau IV p. 516. Marcadé art. 1553 Tessier I p. 246
note 410.

donné à la femme par le mari en paiement de ses reprises mobilières dotales, qu'à charge de lui garantir préalablement le montant de la dot mobilière qu'il représente, au moyen, par exemple, d'une consignation ou de l'engagement de faire porter le prix de vente à une somme au moins égale au chiffre de cette dot et qui devra rester à la femme [1].

Cette doctrine nous paraît porter la protection de la dot mobilière au-delà des bornes légales, et nous croyons que la cour de Toulouse dans son arrêt du 24 février 1860 a rétabli sur ce point les vrais principes en décidant (nous ne reproduisons que le considérant de l'arrêt qui a directement trait à notre espèce) « que la faveur due à la dot ne peut aller jusqu'à « permettre au juge de prescrire des mesures qu'au- « cune loi n'autorise, par exemple d'ordonner qu'avant « la poursuite de la vente Illartin (le créancier), « s'il ne paie pas ou ne consigne pas les 3,800 francs « montant de la créance dotale, devra garantir que les « enchères seront assez élevées pour couvrir le capi- « tal et les frais privilégiés; qu'il est vrai, qu'en « l'absence de ces précautions, la femme est menacée « d'une perte, ne dut-elle résulter que de la diminu- « tion qu'éprouvera la valeur des biens par le prélé- « vement des frais de poursuite et d'ordre ; mais « qu'il ne faut pas oublier que l'immeuble était « libre dans ses mains ; qu'elle a pu donner des « droits à son créancier sur ce fonds; qu'elle ne peut « sans inconséquence reconnaître qu'il est devenu le

[1] Sic arrêts cités à la note suivante.

« gage de sa créance et mettre des entraves à l'exer-
« cice de l'action qui lui appartient ; que ce serait le
« forcer indirectement à y renoncer que de le sou-
« mettre, en présence de son incertitude sur le pro-
« duit éventuel de la vente, à assurer le paiement
« intégral de la dot ; que son droit se trouverait para-
« lysé au profit d'une personne qui ne puise la faculté
« d'empêcher la liberté d'action de son créancier ni
« dans un texte législatif, ni dans la nature des choses;
« que la femme, qui doit seulement obtenir la préfé-
« rence sur le prix de l'immeuble, exercera son droit
« de suite après qu'il aura été vendu ; qu'une assi-
« milation peut être faite pour la manière dont la
« vente doit être opérée entre le temps où le bien
« appartenait à M. (le mari) et celui où il est devenu
« la propriété de sa femme ; qu'à ces deux époques
« il a été également affecté à la sûreté de la dot ; que
« la situation du fonds ne changeant pas relativement
« aux droits à exercer sur le prix, on doit pouvoir
« agir contre la femme comme on aurait agi contre le
« mari ; attendu que les créanciers de celui-ci auraient
« pu poursuivre sans obstacle la vente de son bien,
« que dans ce cas aussi pourtant la dot aurait pu être
« en péril, mais que la femme n'aurait pas été écou-
« tée si elle avait demandé qu'avant de donner suite
« à la saisie le poursuivant lui assurât le paiement de
« ses reprises, parce qu'on lui aurait répondu que son
« droit consistait seulement dans l'antériorité de
« collocation qui serait donnée dans l'ordre à sa
« créance ; qu'il doit en être de même quand c'est
« elle qui possède, puisque dans cette position comme

« dans l'autre, elle no peut que poursuivre son paie-
« ment privilégié sur le prix ; que l'inaliénabilité de
« droit de la dot n'assure pas toujours son inaliénabilité
« de fait; que quelquefois la justice ne peut la sauver
« du péril qui cependant apparait : qu'ainsi après la
« séparation de biens lorsque les faits qui y ont donné
« lieu devraient faire ajouter de nouvelles sûretés
« contre les désordres du mari, s'il compte la dot à
« la femme, celle-ci le libère en la recevant, et que rien
« ne peut être fait pour en empêcher la dissipation ;
« que, dans ce cas, l'obligation de faire emploi serait
« une précaution conseillée par la prudence, mais
« qu'un tribunal ne l'ordonnerait pas en dehors des
« prescriptions du contrat de mariage ; qu'il ne le
« peut point, parce que ce droit ne lui est attribué
« ni par la convention des parties, ni par la loi ;
« que la règle est la même dans la cause ; que
« s'il est triste de voir une dot en danger il serait
« plus affligeant de voir le magistrat pour prévenir
« cette inconvénient, donner le spectacle de l'usurpa-
« tion d'un pouvoir qu'il ne tient pas du législateur. »

Cet arrêt admirablement motivé nous paraît répondre à toutes les objections qu'on a pu faire à la
doctrine qu'il proclame, et c'est bien plutôt par des
considérations que par des arguments de droit que plusieurs arrêts et auteurs soumettent l'exercice du droit
des créanciers à des restrictions qui protégent la femme,
sans assez tenir compte des intérêts de ces derniers ...

[1] *Dans le sens de l'arrêt précité.* Cass. 25 fév 1817; 31 janv. 1842;
Grenoble 11 juillet 1857.
Contrà, Riom, 8 août 1813. Montpellier 21 fév. 1851 ; 18 fév. 1853;
Caen 27 déc. 1860. Bordeaur 14 mai 1857 junge dissertation de
M. Lisbonne rapportée dans Sirey 1855 2. 679.

Si la dot immobilière demeure inaliénable même
après la séparation de biens, la dot mobilière de son
côté reste frappée après comme avant cet événement
d'une indisponibilité *sui generis* dont nous devons
tirer des conséquences. C'est dire que (sans entrer ici
dans la discussion du fonds même du débat, ce qui dé-
passerait les bornes restreintes de notre travail), nous
croyons bien fondée sur les textes et surtout sur l'esprit
de nos lois cette doctrine de l'inaliénabilité de la dot
mobilière passée actuellement à l'état de « dogme [1] »
dans la jurisprudence, bien qu'elle ait été qualifiée de
« système hérétique [2] » par M. Marcadé; étrange
abus de langage ! et d'autant moins excusable que
ses partisans, loin de vouloir innover en matière de
dotalité, invoquent précisément avec beaucoup de
raison, les traditions de nos anciennes provinces de
droit écrit, pour la justifier aujourd'hui [3].

Est-ce à dire que nous admettions toutes les solutions
données par les arrêts sur l'inaliénabilité de la dot mobilière et les conséquences qu'ils en tirent, soit à l'égard
du mari ou de la femme, soit à l'égard des tiers? Loin
de là; nous repoussons notamment la doctrine de la
cour suprême, en ce qui concerne le pouvoir qu'elle
reconnaît au mari de disposer librement des meubles
dotaux dont la femme conserve la propriété. En effet,
bien qu'aujourd'hui la cour de Cassation ne fasse
dériver le pouvoir du mari sur ces meubles dotaux

[1] M. Pont *Revue critique, résumé de la jurisprud. t. III* p. 633.
[2] *Même revue* t. II. p.208.
[3] Salviat *jurisp. du parl. de Bordeaux*, v° dot, n° 9. Roussilhe, *op. cit.* II, n° 378. Henrys, *OEuvres, liv.4, C, 3, quest.*8 Tessier, *Questions sur la dot* n°° 91 à 99.

que de son droit de libre administration [1], abandonnant le point de départ de son ancienne doctrine posée dans un arrêt du 1er fév. 1819, d'après lequel le mari était propriétaire de la dot mobilière, *dominus dotis*, elle arrive, par des exagérations difficiles à justifier, à lui reconnaître sur cette dot mobilière dont il n'est qu'administrateur, un droit de disposition aussi étendu que s'il en était véritablement propriétaire. C'est ainsi qu'elle lui accorde le droit de céder valablement les créances dotales de sa femme, qu'elles soient ou non actuellement exigibles [2] et quelqu'en soit le chiffre, les rentes sur l'État, les actions de chemins de fer, etc; [3] et, par un arrêt du 6 décembre 1859 elle est allée jusqu'à lui reconnaître le droit d'aliéner les rentes viagères de sa femme dans une espèce, ou l'on ne pouvait certainement pas considérer le contrat passé par le mari pour l'amortissement d'une rente de ce genre moyennant un capital en argent destiné à la remplacer, comme un acte d'administration. En résumé, le mari peut aujourd'hui; selon la jurisprudence, disposer librement de la dot mobilière sans dis-

[1] Sic Cass. 12 août 1846. 6 déc. 1859. Caen, 26 mars 1862. Limoges 19 fév. 1862.

[2] Cass. 20 août 1848. 26 août 1851, 1er déc. 1851. 18 fév. 1851. Junge Agen 30 nov. 1843. Grenoble 13 juillet 1848, Paris 18 déc. 1859. Bordeaux 18 février 1850.

[3] Cass. 1 déc. 1850.

[4] La cour de Lyon, dans son arrêt (cassé) du 23 av. 1858 avait décidé en fait, que la rente viagère de la femme ne périclitait nullement, garantie par une hypothèque plus que suffisante ; aussi comprend on difficilement que la cour de Cassation ait pu considérer comme un acte d'administration le sacrifice de 4,000 fr. de revenus pour un capital de 50,000 garanti par des sûretés douteuses.

tinction entre les valeurs qui la composent, sauf seulement le cas de concert frauduleux avec les tiers ₁.

Ces décisions nous paraissent contraires aux principes généraux de notre droit et nous croyons que le
mari n'ayant sur les meubles dotaux dont la femme
conserve la propriété qu'un droit d'usufruit proprement dit, auquel se joint un droit d'administration,
(art. 1572-1547) les limites de ses pouvoirs, quant
aux actes d'aliénations de cette dot, doivent être beaucoup plus restreintes que ne le déclarent la cour suprême et la majorité des cours impériales avec elle.
Aussi nous dirons avec la cour de Lyon dans un arrêt
du 23 avril 1858 : « que ces actes d'aliénation que la
« loi permet au mari doivent se restreindre à ce qui
« en fait de meubles, est un résultat de leur nature ou
« une dépendance nécessaire du pouvoir d'administrer
« et que, hors ces cas, le principe d'inaliénabilité re-
« prend tout son empire. » Si, en effet, on n'établit
pas nettement une démarcation entre les actes d'aliénation interdits au mari, en principe, et les actes d'administration qui lui sont permis,—administration qui
ne comporte l'aliénation qu'en temps qu'elle en est
une nécessité, comme s'il s'agit de meubles corporels
qui dépérissent par l'usage, etc., on arrive à lui reconnaître des pouvoirs tellement exhorbitants sur
cette dot mobilière, que la garantie que la femme a
cru trouver, relativement à sa dot mobilière, en
adoptant le régime dotal, n'est plus qu'une illusion; et,
chose singulière, sous ce régime, dont le but est d'as-

₁ Sic Caen 26 mars 1852. Limoges 19 févr. 1862.

surer à la femme des moyens exceptionnels de se
conserver l'intégralité de ses biens dotaux elle trou-
vera, en fait, moins de protection quant à sa dot mobilière dont elle s'est réservé la propriété que sous le
régime sans communauté, par exemple, sous lequel
cependant le mari administra les biens meubles de sa
femme au même titre que sous le régime dotal. Sans
doute sous le régime dotal, l'hypothèque légale qu'elle
a sur les biens de son mari comme sous les autres
régimes la protégera jusqu'à un certain point contre
ces abus d'administration de la part de son mari; et il y
a même ici cela de particulier, qu'elle ne pourra renoncer ni à la créance qu'elle a contre son mari, ni à
l'hypothèque qui la garantit; mais faut-il au moins
que son mari, à son décès, ou lors de la séparation de
biens, s'il y a lieu, ait des immeubles sur lesquels
cette hypothèque de la femme puisse porter ; s'il
meurt insolvable, s'il ne laisse aucun immeuble, à quoi
donc aura servi à la femme de placer sa dot mobilière
sous la protection du régime dotal? C'est donc perdre
de vue le but de ce régime, que de reconnaitre au mari
de tels pouvoirs, et nous verrons, au surplus, combien
ces décisions de la jurisprudence s'accordent peu avec
la protection qu'elle accorde aux *revenus* des biens
dotaux.

La séparation de biens ne faisant que déplacer le
droit d'administration du mari sur les biens dotaux
pour le remettre entre les mains de la femme, semblerait que la jurisprudence dût accorder à la femme
séparée la libre disposition de ses meubles dotaux
comme le mari l'avait lui-même selon ses arrêts, et

notamment le droit de céder ses créances dotales
comme le mari lui-même aurait pu le faire ; c'est bien
ce que décident MM. Aubry et Rau logiques en cela
avec eux-mêmes « la femme se trouvant, en effet,
comme le disent ces savants jurisconsultes, substituée
aux pouvoirs du mari en ce qui concerne l'administration de la dot mobilière [1]. » Cependant la cour de
Cassation refuse à la femme séparée le droit de disposition qu'elle accorde au mari avant la séparation de
biens [2]. Pourquoi ? « C'est ce que j'ai beaucoup de
peine à comprendre, » s'écrie M. Troplong [3]; et, en
effet, ces solutions différentes, alors cependant qu'il
s'agit toujours d'un même pouvoir d'administration ;
que ce soit le mari qui administre ou que ce soit la
femme, sont difficilement conciliables entr'elles.

Pour nous, nous dirons de la femme séparée ce
que nous avons dit du mari lorsqu'il est à la tête de
l'administration des biens de sa femme : elle ne pourra
disposer de sa dot mobilière que comme son mari
aurait pu le faire, c'est-à-dire dans les limites d'une
bonne administration. Si elle les aliène en dehors de
ces limites, l'aliénation sera nulle, et elle pourra revendiquer, sauf l'application aux meubles corporels par
elle livrés, de la règle « En fait de meubles possession
vaut titre (art. 2279 C. N.) Mais s'il s'agit de meubles incorporels auxquels par conséquent la règle posée dans l'art. 2279 ne s'applique pas, la femme qui
les aura aliénés pourra revendiquer, toutes les fois

[1] MM. Zachariæ, Aubry et Rau t. IV § 539 2° et note 13.
[2] Cass. 23 déc. 1839, 31 janv. 1842, 7 fév. 1843, 14 nov. 1846.
[3] M. Troplong, *Cont. de mar.* n° 3258.

que l'aliénation ne pourra être considérée comme un acte d'administration.

Après ces observations nous pouvons répondre à la question que nous nous sommes posée (*suprà* p. 237). En quel sens, après la séparation de biens, la dot mobilière reste-t-elle inaliénable? Voici, en résumé, les solutions qui nous paraissent devoir l'emporter.

1° La femme séparée qui a repris l'administration de sa dot ne peut aliéner les meubles corporels ou incorporels dotaux en dehors des nécessités de cette administration, sauf, quant à la revendication des meubles corporels, l'application de la règle de l'art. 2279, comme il a été dit ci-dessus.

2° En dehors des nécessités de cette administration ils ne sont aliénables que dans les cas exceptionnels où les immeubles dotaux eux-mêmes le sont, (art. 1555 à 1559 C. N. [1]).

3° Lorsque dans le contrat de mariage la faculté d'aliéner les immeubles dotaux a été stipulée, elle ne s'étend point à la dot mobilière, l'art. 1557 devant être entendue restrictivement.

4° La femme séparée ne peut renoncer à ses créances dotales contre son mari ni subroger ou renoncer à l'hypothèque qui les garantit, ni en compromettre par aucune transaction, cession, ou autres actes, le remboursement intégral [2].

5° Les dettes contractées par elle pendant le mariage et avant la séparation de biens avec autorisation

---

[1] MM. Aubry et Rau t. IV. § 537 bis c. p. 515.

[2] Cass. 19 nov. 1833. 28 déc. 1830. — 7 fév. 1843. — 14 nov. 1846. *chambres réun.*)

de son mari, ne pourront être poursuivies, après cette
séparation opérée, sur le capital de la dot mobilière,
de même quelles ne pourraient pas l'être sur le fonds
dotal. Elles ne pourront être poursuivies sur les intérêts de cette dot (et nous en dirons autant des fruits
des immeubles dotaux), que pour la part de ces revenus non indispensable pour faire face aux charges du
mariage.

On admet bien généralement que les créanciers de la
femme, dans notre espèce, ne peuvent saisir la totalité
des revenus de la dot soit mobilière ou immobilière, mais
la jurisprudence de la cour de Cassation parait fixée
en ce sens que, dans notre hypothèse, les créanciers de
la femme séparée ne pourront pas même saisir l'excédant des revenus sur les besoins du ménage, et voici
les arguments que l'on fait valoir dans cette opinion.
Il faut, dit-on, que la femme retrouve après la séparation de biens, sa dot libre de tous engagements antérieurs, soit quant au capital, soit quant aux revenus,
sans cela le but du régime dotal ne serait pas atteint.
Sans doute, la femme séparée de biens peut, par ses engagements, contractés après cette séparation dans les
limites de son droit d'administration, donner à ses
créanciers le droit de saisir l'excédant des revenus sur
les besoins du ménage ; mais, c'est qu'une fois séparée, elle s'engage avec indépendance; elle n'est plus
soumise à l'influence de son mari ; elle se détermine
dans la plénitude de sa liberté, au moins quant aux
obligations rentrant dans les termes de l'art. 1449, et
pour lesquelles elle peut se passer de l'autorisation
maritale, tandis que les obligations contractées avant

cette séparation l'ont été le plus souvent sur les sollicitations de son mari. On conçoit dès lors qu'elle ne
puisse pas faire avant la séparation de biens ce qu'elle
pourra faire après. Quant à l'objection tirée de l'art.
2092 d'après lequel toute personne valablement obligée est tenue sur tous ses biens libres, présents et à
venir, et par conséquent la femme séparée sur l'excédant de ses revenus, puisque cet excédant est libre
entre ses mains après la séparation, on prétend y répondre en disant que cette application du droit commun
doit être écartée ici en considération des règles spéciales du régime dotal. Son but, en effet, est d'arriver
avant tout à ce résultat que la femme retrouve après la
séparation de biens comme après la dissolution du mariage l'intégralité de sa dot, capital et revenus, libre de
tous engagements précédents [1].

Tel est le système qui paraît avoir définitivement
prévalu devant la cour de Cassation et qu'elle vient de
consacrer dans un récent arrêt du 7 juin 1864. Cependant nous croyons qu'il y a là une exagération
du principe de l'inaliénabilité de la dot et que cette
doctrine repose bien plus sur des considérations que
sur les textes de la loi.

En effet, de deux choses l'une, ou la femme mariée
sous le régime dotal est capable de s'engager valablement avec l'autorisation de son mari, avant la séparation, ou bien elle ne l'est pas.

Or, à moins de ressusciter le sénatus-consulte Velléien

[1] MM. Rodière et Pont. II. n° 488. Dalloz jurisprud. 1864 I, 207 concl. de M. le 1er avocat général De Reynal et arrêt conforme. Cass. 7 juin 1864. Junge Cass 4 nov. 1846. 13 janv 1851. 28 juin 1859.

on est bien obligé de reconnaître que l'obligation de la femme est valable. Si elle est valablement obligée, elle l'est sur tous ses biens présents et à venir (2092 C. N.). Donc ses créanciers pourront saisir tous ses biens disponibles entre ses mains après la séparation prononcée; c'est ainsi qu'ils pourront saisir ses paraphernaux, et, pour leur refuser le droit de saisir également une portion des revenus de la dot, il faudrait que ces revenus eussent été frappés par la loi comme le capital d'indisponibilité, qu'ils fussent en un mot *inaliénables* comme lui. Or, en est-il ainsi? Leur nature, leur destination n'est-elle pas d'être aliénés pour l'utilité des époux et des enfants. Sans doute, une partie doit être exclusivement réservée pour les besoins de la famille; celle-là sera insaisissable, bien qu'elle soit essentiellement inaliénable; mais pourquoi? — parce que, s'il était permis aux créanciers des époux de la saisir pour des dettes étrangères aux besoins du ménage, il faudrait ensuite aliéner le capital dotal lui-même pour fournir des aliments à la famille. Or, l'inaliénabilité des biens dotaux a été établie pour assurer sa subsistance contre toutes les éventualités, et ce capital de la dot serait frappé de stérilité, et le but du régime dotal ne serait pas atteint, si, à mesure que les revenus entreraient dans le patrimoine du mari ou de la femme séparée, les créanciers venaient le saisir intégralement. Voilà la seule raison qui rend insaisissable cette portion des revenus. Aussi M. Troplong a pu écrire « Il n'y a, à l'égard des fruits, qu'une destination obligée et non une inaliénabilité radicale [1]. »

[1] M. Troplong op. cit. t. IV n° 3303.

Mais, pour refuser aux créanciers de la femme antérieurs à la séparation de biens le droit de saisir l'excédant des revenus sur les besoins du ménage, sur quel
texte de la loi s'appuiera-t-on ?

Prendra-t-on pour point de départ avec certains
arrêts [1] que les revenus de la dot participent de l'indisponibilité de la dot elle-même et sont par conséquent
inaliénables et insaisissables, si ce n'est pour l'alimentation et l'entretien de la famille; que par conséquent
la femme obligée avant la séparation de biens avec
l'autorisation de son mari ne peut, après cette séparation, voir saisir l'excédant de ses revenus dotaux pour
dettes par elle antérieurement contractées, parce que
l'ayant été à une époque où elle n'était point tenue de
subvenir aux dépenses communes, ces dettes n'avaient
pu avoir pour cause l'entretien et l'alimentation de la
famille? la réponse est facile: Il suffit de montrer l'inexactitude de ce point de départ, en observant qu'il ne
repose sur aucun texte, et qu'il a contre lui la tradition.
M. Troplong a en effet bien démontré qu'il ne faut pas
chercher à établir sur les documents tirés de la jurisprudence de nos anciens pays de droit écrit, ce prétendu principe de l'indisponibilité des revenus de la
dot non échus [2]

Invoquera-t-on la maxime *accessorum sequitur prin-
pale* [3] pour lier le sort des revenus à celui du capital

---

[1] Sic Pau 1825 12 août. Montpellier, 1 fév. 1828. Cass. 11 janv. 1831
Paris 30 juin 1831. Lyon 12 fév. 1840. Cass. 11 fév. 1840. *Junge*
concl. de M. de Reynal, Dalloz 1864. 1. 207.
[2] T IV art. 1554.
[3] M. de Reynal *loc. cit.* disait aussi « les fruits et revenus de la
dot *accessoire* et produit de la dot elle-même sont inaliénables
comme elle ou du moins indisponibles aux mains des époux si ce
n'est...

de la dot et les frapper également, en principe, d'inaliénabilité? Il est facile de démontrer que ce brocard est
ici inapplicable, puisque lors de la dissolution du mariage, par exemple, la femme survivante reprend le
capital de sa dot, mais non pas les fruits économisés
pendant le mariage, ou l'immeuble acheté avec cette
épargne.

Il est encore moins admissible d'écarter les créanciers de la femme antérieurs à la séparation de biens
en disant que ces engagements sont « légalement pré-
sumés » avoir été contractés sous l'influence du mari,
tandis qu'après la séparation de biens elle s'engage en
toute liberté; « qu'elle n'est plus censée les contracter
sous l'influence maritale [1]. » Où donc cette présomption, sur la foi de laquelle on voudrait entraver l'exercice du droit des créanciers, est-elle écrite ? Ou la
femme a été libre, ou elle ne l'a pas été. Si elle ne l'a
pas été, il faut refuser à ses obligations tout effet, tant
sur ses biens paraphernaux que sur ses revenus dotaux disponibles. Mais, dirons-nous avec M. Troplong,
« si l'engagement subsiste pour les paraphernaux,
pourquoi pas pour la partie des revenus appartenant
au superflu ? »

Il est donc vrai de remarquer que cette doctrine
repose bien plus sur des considérations extra-juridi-
ques que sur les textes de la loi. Sans doute il est bon
que la femme retrouve après la séparation de biens sa

[1] M. de Roynal loc. cit.—Aussi, M. Labbé, dans une savante appréciation de l'état de la jurisprudence (en note Journal du Palais 1864
p. 64.) sur la question jugée par l'arrêt du 7 juin 1864, observe-t-il
que « le système de la jurisprudence est un emprunt fait à la théo-
rie du s. consulte Velléien... »

dot (capital et revenus) affranchie de tous engagements antérieurs, mais il est encore plus désirable qu'un débiteur obligé dans la plénitude de sa liberté soit forcé de payer ses dettes avec ses biens disponibles entre ses mains, et que de malheureux créanciers n'assistent pas à ce spectacle singulier, d'une femme dépensant librement pour ses plaisirs l'excédant de ses revenus, et à ce point favorisée par la loi, qu'ils ne puissent saisir pour des obligations valablement contractées l'argent qu'elle peut follement employer à des frivolités.

Certainement, il faut prendre le régime dotal tel qu'il est ; mais il ne faut pas étendre outre mesure et sans texte de la loi le cercle de la dotalité et sacrifier à la protection de la dot le crédit public et la bonne foi des tiers [1].

Nous venons de voir survivre à la séparation de biens le principe de l'inaliénabilité de la dot. Mais, bien entendu, ce principe doit fléchir après comme avant cette séparation dans les cas prévus par les articles 1555 à 1559 C. N. Il reçoit également quelques autres exceptions, commandées soit par des lois spéciales, soit par un intérêt social supérieur à celui de la conservation de la dot, ainsi :

A. Le fonds dotal peut être exproprié pour cause d'utilité publique. Cela résulte de l'art. 13 de la loi du 3 mai 1841 ainsi conçu : «Si des biens de mineurs,

---

[1] Sic Paris 13 Janv. 1851. 15 Juillet 1856. 20 Juillet 1857. Montpellier 10 Juill. 1860. MM. Troplong 330?. Tessier, *Quest sur la dot*, n° 145. *Contrà* Cass. 4 nov. 1846 12 août 1847. 28 juin 1850. 7 juin 1864. Aubry, et Rau, IV, p. 510, note 15.

d'interdits, d'absents ou autres incapables sont compris dans les plans déposés en vertu de l'art. 5, les tuteurs, ceux qui ont été envoyés en possession provisoire et tous représentants des incapables peuvent, après autorisation du tribunal donnée sur simple requête en la chambre du conseil, le ministère public entendu, consentir amiablement à l'aliénation des dits biens. Le tribunal ordonne les mesures de conservation ou de remploi qu'il juge nécessaires. *Ces dispositions sont applicables aux immeubles dotaux et aux majorats.* »

De plus l'art. 25 supposant que des offres ont été faites par l'administration décide que « les femmes mariées sous le régime dotal assistées de leur maris, les tuteurs, etc. peuvent valablement accepter les offres énoncées en l'art. 23 s'ils y sont autorisés dans les formes prescrites par l'art. 13. »

B. Le principe de l'inaliénabilité de la dot souffre une nouvelle exception lorsque la femme s'est rendue coupable d'un délit ou d'un quasi-délit. Cette doctrine qui n'est pas sans précédents dans notre ancien droit [1] est aujourd'hui presque unanimement adoptée par la jurisprudence et par les auteurs [2]. Il y a ici un intérêt social supérieur qui doit l'emporter ; la femme doit

---

[1] La loi 3 Dig. *bon damnat.* indique 5 sortes de crimes emportant confiscation de la dot quand la femme s'en était rendue coupable. Junge Cout. de Normandie 544. Roussilhe de la dot t. Ier p. 385. Annotat. de Duperrier, quæst not liv. Ier quæst 3 et Tessier op. cit. 675.

[2] MM. Troplong. 3319 et s. Labbé *Revue Critique*, t. *IX*, Duranton XV. 533. Aubry et Rau IV. p. 514. *Journal du Palais* 1863 *note sur l'arrêt de cass. du* 11 *fév.* 1863. Cass. 24 Xbre 1860, 23 av. 1861.

subir les conséquences d'un délit ou d'un quasi-délit dont le mineur lui-même n'est pas affranchi (art. 1310) notons toutefois qu'avant la séparation de biens la nue-propriété de la dot sera seule affectée à l'exécution de l'obligation résultant pour la femme de cette cause après la séparation de biens la pleine propriété en répondra.

C. Les biens dotaux pourront également être aliénés à défaut de paraphernaux avec autorisation de justice et dans les formes prescrites par l'art. 1558 C. N. et 997 C. Pr. pour payer les frais des procès que la femme séparée aurait intentés ou voudrait intenter pour la conservation de la dot (arg. de l'art. 1558). Dans ce cas le tribunal pourrait autoriser la femme a emprunter les fonds nécessaires en garantissant cet emprunt par une hypothèque sur ses biens dotaux. Il faut adopter la même décision pour le paiement des frais de l'avoué qui a occupé pour la femme ou de l'avocat qui a plaidé pour elle dans une instance en séparation de biens [1] ou en séparation de corps. [2]

D. L'inaliénabilité de la dot ne fait pas obstacle à ce que le recouvrement de la contribution foncière puisse être opéré même sur les biens dotaux ; car, indépendamment d'un intérêt social qui doit ici prévaloir, il faut remarquer que le motif pour lequel la loi a admis l'inaliénabilité de la dot, la protection de la femme contre sa propre faiblesse, l'influence et les prodigalités de son mari, n'existe plus dans notre hypothèse [3].

[1] Caen 7 mars 1845.
[2] Nîmes 11 av. 1860. M. Duverger (cours).
[3] Limoges 28 mai 1803.

E. Signalons une dernière exception : le paiement des dettes grevant les successions mobilières ou immobilière échues à la femme pendant le mariage et comprises dans les biens qu'elle s'est constitués en dot, pourra être poursuivi sur la pleine propriété de tous les biens qui dépendent de ces successions quoique dotaux [1]. Mais, si les époux voulaient, sans attendre les poursuites des créanciers, prendre les devants et aliéner les biens faisant partie de ces successions pour payer les créanciers, l'aliénation n'en pourrait avoir lieu qu'avec autorisation de justice et dans les formes prescrites par l'art. 1558 et l'art. 997 C. Pr. [2].

II. *De la prescriptibilité de la dot après la séparation de biens*

Le Tribunal avait admis avec beaucoup de répugnance l'inliénabilité de la dot; aussi chercha-t-il à en atténuer les conséquences en faisant déclarer les immeubles dotaux prescriptibles après la séparation de biens (art. 1561 2mo alinéa), la prescription étant du reste bien moins dangereuse que l'aliénation directe. Ainsi, dès que la séparation de biens a été prononcée, l'immeuble dotal est prescriptible comme le serait un bien paraphernal. Reprenant l'exercice de ses actions, la femme séparée ne peut désormais s'en prendre qu'à elle seule de l'accomplissement d'une prescription qu'elle pouvait valablement interrompre.

Mais il faut combiner ce principe avec deux autres

[1] MM. Aubry et Rau, IV, p. 495 et 515. Limoges, 28 mai 1863.
[2] MM. Duverger Cours. Aubry et Rau, IV, p. 406, nôt. 105.

règles de droit commun (art. 2256 2° al. 1304),
étudier, en un mot, le point de départ et la durée de la
prescription des actions révocatoires appartenant à la
femme, lorsque l'immeuble dotale a été vendu con-
rairement aux prohibitions de la loi (art. 1560). Il
importe de distinguer ici plusieurs hypothèses :

1° Le mari a vendu seul l'immeuble dotal. Dans ce
cas l'aliénation est radicalement nulle ; la femme a une
véritable action en revendication. La prescription est
acquisitive pour l'acheteur et s'opérera par 10 ou
20 ans ou par 30 ans selon sa bonne ou mauvaise foi.
(art. 2262 2275). Mais la prescription ne courra contre
l'action en revendication de la femme qu'après la dissolution du mariage, parce que, si elle l'exerçait avant
cette époque, elle réfléchirait contre son mari, car
l'acheteur évincé recourrait en dommages-intérêts
contre lui (2256 2° 1629 C. N.). Mais, si le mari, au
lieu de vendre, avait donné seul l'immeuble dotal, il ne
serait pas exposé à des dommages-intérêts de la part
du donateur évincé, à moins que la donation n'eut eu
lieu *causâ dotis*; ou bien, s'il l'avait vendu en stipulant
de bonne foi qu'il l'aliénait aux risques et périls de
l'acheteur, il ne serait pas non plus garant de l'éviction. Dans ces deux hypothèses, la prescription cour-
rait au profit du possesseur dès le jour où la séparation de biens a été prononcée, car, dès ce moment
la femme pouvait revendiquer sans crainte que
l'exercice de son action ne réfléchit contre son mari.

2° Un tiers s'est emparé lui-même du fonds dotal
ou bien l'a acheté d'une personne autre que la femme
ou le mari : Sa possession lui comptera pour la pres-

cription à partir de la séparation de biens (art. 1561).
Dès cette époque la prescription commence à courir
contre la femme.

3° Le mari a vendu comme sien l'immeuble dotal
avec stipulation de non garantie, à un acheteur qui
croyait traiter avec le véritable propriétaire. La près-
cription de l'action en revendication qui compétera
en ce cas à la femme ne courra contre elle qu'à partir
de la dissolution du mariage ; car, si la femme l'in-
tentait après la séparation de biens, le mari serait tenu
de restituer le prix de vente à l'acheteur évincé (art.
1629) ; l'exercice de l'action de la femme réfléchirait
contre son mari ; donc l'art. 2256 2° s'appliquera.

4° La femme a vendu seule pendant le mariage l'immeuble dotal. Dans ce cas le fond n'a pas été vendu
a non domino ; la femme a une action en nullité, (art.
1304 C. N.) mais l'acheteur ne pourra commencer à
prescrire contre elle qu'à dater de la dissolution du
mariage, parce que pendant sa durée la femme est
réputée aux yeux de laloi moralement impuissante à
agir, car elle serait en effet le plus souvent retenue
par la crainte de dévoiler à son mari un contrat passé
au mépris de son autorité.

5° Supposons enfin que la femme, comme dans les
hypothèses précédentes, en dehors des cas où l'aliénation est permise, ait aliéné l'immeuble dotal avec
l'autorisation de son mari ; la solution sera-t-elle la
même que dans la dernière hypothèse, quant à l'action
en *nullité* qui lui compétéra ? Le mari qui a pu, en
fait, l'autoriser à aliéner ne s'est pas par cela même
engagé envers l'acheteur ; il n'est pas garant de

— 248 —

l'éviction. « *Qui auctor est non se obligat,* » et, comme la femme n'a pas à craindre ici de dévoiler un contrat passé au mépris de son autorité, elle pourra sans crainte de lui nuire exercer son action en nullité dès la séparation de biens. Dès cette époque la prescription courru contre elle.

Nous avons posé plusieurs hypothèses où le mari ayant aliéné, contrairement aux prohibitions de la loi n'est pas garant envers l'acheteur ou le donnataire (*suprà* 1°) et nous avons décidé que, dans ces cas, la prescription courait au profit du possesseur dès le jour de la séparation de biens, la femme séparée pouvant revendiquer contre lui sans craindre de nuire à son mari. Mais cette décision est contestée, et, suivant quelques jurisconsultes dont l'opinion a été consacrée par plusieurs arrêts, la prescription de l'action en revendication dans tous les cas ou son exercice ne peut point réfléchir contre le mari, et la prescription de l'action en nullité appartenant à la femme lorsqu'elle a aliéné en dehors des exceptions prévues par la loi, avec autorisation de son mari, ne courent qu'à partir de la dissolution du mariage [1].

Sans entrer ici dans la discussion de cette grave question nous croyons que les solutions que nous avons données reposent sur les bases les plus solides car nous ne voyons rien à répliquer à la démonstration que M. Valette a donné de ce système dans un article publié dans la *Revue étrangère et française* [2]. C'est

[1] MM. Aubry et Rau IV. p. 478 note 28. Cass. 4 juillet 1849. Caen 27 janv. 1851.
[2] Revue étrangère etc. t. VIII p. 241 et s. *conf.* M. Troplong IV. 3375. Nîmes 4 janvier 1835.

surtout dans l'étude des travaux préparatoires et des
modifications successives de la rédaction des art. 1560
et 1561 que l'on trouve la clef des difficultés qui se
sont élevées contre la solution de cette question.
On peut donc poser ce principe, avec l'éminent jurisconsulte que nous venons de citer: « *toujours* la
dotalité d'un droit immobilier constitué selon le
régime dotal empêche pendant le mariage la validité
de l'aliénation ou de la renonciation expresse de la
femme ; *jamais*, après la séparation de biens, la même
qualité, c'est-à-dire la dotalité du droit immobilier, ne
met obstacle à ce que ce droit se perde par la prescription .[1] »

§ 2.

*De la capacité de la femme séparée de biens sous le régi-
me dotal.*

La capacité personnelle de la femme mariée sous
le régime dotal après la séparation de biens obtenue
est régie par les mêmes règles que si cette séparation
eut été prononcée sous tout autre régime. Donc, pour
savoir quels sont les actes qu'elle pourra faire sans
autorisation et ceux au contraire pour lesquels elle
devra être autorisée, nous n'avons qu'a renvoyer à ce
que nous avons dit (*Suprà*. Ch. V. § 3 p. 107.)

Investie des pouvoirs dont jouissait le mari comme
administrateur de la dot (sauf ce qui concerne le

[1] p. 258

droit d'ester en justice) elle ne pourra aliéner son mobilier que dans les limites de son droit d'administration comme nous l'avons déjà indiqué (*Supr.* p. 203)

Capable de s'obliger seule pour cause d'administration, ses obligations seront exécutoires sur la pleine propriété ne ses biens paraphernaux, mais les créanciers ne pourront en poursuivre valablement l'exécution sur les biens dotaux mobiliers ou immobiliers. Ils ne le pourront que sur les revenus de la dot, en partie du moins. S'agit-il, par exemple d'une obligation, ayant pour objet des réparations d'entretien faites aux immeubles dotaux, les créanciers diront à la femme qui refuse de les payer: vous deviez appliquer une partie de vos revenus aux dépenses d'entretien, une autre à l'alimentation de la famille et à l'éducation des enfants: vous refusez de faire cette première application nous la faisons pour vous. Mais, alors même que, avec l'autorisation de son mari ou de justice elle contracte une obligation étrangère aux besoins de son admistration le créancier pourra teujours saisir l'excédant des revenus sur la portion réservée aux frais du ménage, à l'entretien et à l'éducation des enfants.

En vertu de son droit de libre administration elle pourra exiger et recevoir le remboursement de ses capitaux dotaux et de ses reprises dotales. Mais le pourra-t-elle sans être obligée de justifier d'un emploi des fonds qu'elle devra ainsi toucher? On a soutenu que, si la femme pouvait recevoir ses capitaux comme le mari lui-même aurait pu le faire quand il administrait, sans être tenu de l emploi, ses intérêts et ceux de ses enfants seraient compromis ; que si le mari pouvait toucher les sommes dotales sans en faire emploi c'est qu'alors la femme était suffisamment protégée par son hypothèque légale sur les biens de son mari ; que le régime dotal resterait incomplet si on déchargeait ; la femme de cette obligation. Cependant il faut observer qu'il serait arbitaire d'astreindre la femme à une obligation qu'aucun texte de loi ne lui impose et en l'absence, bien entendu, d'une clause qui y assujettirait le mari lui—même dans le contrat de mariage. De plus, il est inexact de dire que le but du régime dotal ne sera pas atteint si on le décide autrement ; car le but de ce régime est de donner avant tout à la femme de sérieuses garanties contre la mauvaise gestion de son mari et le danger qu'elle pourrait courir sous l'influence de ce dernier, d'être entraînée à des actes funestes à ses intérêts ; mais après la séparation de biens, le principe de l'inaliénabilité de la dot continuant à produire ses effets et, d'un autre côté, la femme reprenant l'administration de ses biens dotaux, ses intérêts ont paru au législateur suffisamment sauvegardés. Aussi ce système a-t-il prévalu dans la jurisprudence. [1]

[1] Cass. 25 janv. 1826.-25 décembre 1839 11 av. 1842. Limoges, 16 décembre 1843. Agen, déc. 1851. Paris, 14 janvier 1856. Conf. Duranton. XV. N° 488. Rodière et Pont II. 886. Aubry et Rau IV. p. 518 note 11. *Contrà*, Limoges, 14 juillet 1847. Agen, 9 fév. 1849, Tessier, *Questions sur la dot*, N° 115. Bellot des Minières, IV, p. 228.

CHAPITRE VII.

Des effets de la séparation de biens relativement aux gains de survie.

Nous avons vu (1re partie lettre II) que de dissiden-
ces existaient dans la jurisprudence de nos anciens
parlements à l'égard des effets que la séparation de
biens devait produire sur le douaire et les autres gains
de survie. Le code Napoléon a fait disparaitre cette
diversité de solutions en décidant dans l'art. 1452
que « la dissolution de la communauté opérée par le
« divorce ou par la séparation de corps et de biens,
« soit de biens seulement, ne donne pas ouverture aux
« droits de survie de la femme: mais que celle-ci
« conserve la faculté de les exercer lors de la mort
« naturelle ou civile de son mari. »
Les critiques n'ont pas manqué à la rédaction de
cet article: Il est inutile, a-t-on dit, et inexact. Quant
au premier de ces reproches, les controverses soulevées dans notre ancien droit et la diversité de jurisprudence de nos parlements nous semblent y répondre suffisamment; mais nous croyons que le reproche
d'inexactitude qu'on lui a adressé est mieux fondé.
Car, en disant d'une manière générale que la femme
conserve la faculté d'exercer ses droits de survie à la
mort de son mari, le législateur oublie que la séparation de corps enlève tout droit de préciput à l'époux
contre lequel elle a été prononcée. (art. 1518). D'un
autre côté, la disposition de l'article 1452 est un peu

trop restreinte, en ce qu'on n'y parle que des droits de survie de la femme, tandis que la même décision doit évidemment être donnée pour les droits de survie stipulés (rarement en pratique il est vrai) au profit du mari.

De ce que l'article 1452 ne parle que de la femme, il ne faudrait pas conclure que le mari ne conserve plus après la séparation de biens prononcée contre lui, le droit d'exercer ses droits de survie, lors de la mort de la femme. Ce serait perdre de vue le but de l'art. 1518. C'est par les travaux préparatoires que s'expliquent les vices de rédaction de l'art. 1452. Dans le projet primitif, il n'était question que de la séparation de biens, et on avait copié le n° 519 *in fine* du Traité de la communauté de Pothier. Ce jurisconsulte s'occupait dans ce numéro de la renonciation habituelle de la femme séparée de biens à la communauté et disait qu'elle ne pouvait demander ni préciput ni douaire. Il ne pouvait par conséquent parler du mari parce que celui-ci n'avait ni douaire à réclamer ni renonciation à faire. Mais dans la rédaction définitive de notre article, on ajouta les mots : *divorce et séparation de corps,* sans songer que, le mari pouvant agir soit en divorce, soit en séparation de corps, on allait par là réveiller de tout autres idées que celles que l'on avait eues primitivement.

Il faut appliquer au cas de séparation de biens ce que l'art. 1518 décide pour celui de séparation de corps. Ainsi, après la séparation de biens prononcée, la somme ou la chose constituant le préciput stipulé au profit de la femme en cas de survie, même pour le cas où elle renoncerait à la communauté, reste provisoi-

rement en entier, si elle y renonce, entre les mains
du mari, à charge de donner caution. Mais, lorsque
la femme préciputaire accepte la communauté après
la séparation de biens prononcée, le mari ne pourra
provisoirement retenir que la moitié du préciput, c'est
à-dire la portion que la femme n'est pas sûre d'obtenir un jour. C'est ainsi qu'il faut interpréter l'art.
1518, C. N. qui, si on le prenait à la lettre, semblerait
autoriser le mari à retenir le préciput en totalité, soit
que la femme acceptât, soit qu'elle répudiât la communauté. Or, ce résultat serait absurde et l'esprit de
la loi doit, sans aucun doute, le faire écarter. Il est à
peine besoin de le démontrer. Soit un actif net de
20,000 fr. et un préciput de 4,000 fr. la femme préciputaire accepte la communauté: si nous appliquons
l'art. 1518 à la lettre, le mari prendra provisoirement
le préciput en entier (4,000 fr.) plus la moitié des
16,000 fr. restant, en tout 12,000. fr. La femme ne
touchera donc actuellement que 8,000 fr. Or, si aucun
préciput n'avait été stipulé, elle aurait pris dès à présent 10,000 fr. « Si je survis, dira-t-elle, je toucherai
12,000 fr., si non, ma part sera de 10,000 fr. Mon
pis-aller est donc de 10,000 fr. je dois parconséquent
toucher cette somme dès à présent, parce qu'elle doit
toujours me revenir indépendamment de la caducité
du préciput. » Il est donc certain qu'en cas d'acceptation de la part de la femme, le mari ne pourra en retenir provisoirement que la moitié.

L'art. 1518 suppose donc évidemment que la femme
a renoncé à la communauté lorsqu'il dit que « la
somme ou la chose qui constitue le préciput reste tou-

jours provisoirement au mari à la charge de donner
caution. » De là il faut conclure que si la femme accepte la communauté après la séparation de biens, le
mari n'est pas tenu de donner caution pour la moitié
du préciput qu'il garde provisoirement entre ses
mains. On comprend, en effet, que la renonciation de
la femme faisant présumer la mauvaise administration
du mari et le mettant en quelque sorte en état de suspicion, la loi ait autorisé celle-ci à prendre des garanties sérieuses contre lui, telles qu'une caution. Mais si
elle accepte la communauté, c'est qu'il a mieux géré
qu'au premier cas, c'est qu'il est moins suspect à ses
yeux, et en même temps il ne retient plus alors la totalité du préciput comme dans l'hypothèse précédente.
On comprend donc que la loi ait pu, en cas d'acceptation, le dispenser de donner caution [1].

On s'est demandé si les époux ne pourraient pas valablement convenir par contrat de mariage que le droit
au préciput stipulé au profit de l'un d'eux s'ouvrirait par
la séparation de biens. Il y a une distinction à faire.
Le préciput a-t-il été stipulé au profit du mari ? cette
stipulation ne sera pas valable, car elle tend à conseiller une mauvaise administration.

Mais l'a-t-il été au profit de la femme? cette clause
devra recevoir son exécution au temps convenu.
Objectera-t-on que la séparation de biens peut avoir
lieu par suite de faits indépendants de la volonté
du mari, d'un cas fortuit, par exemple mettant la
dot en péril, et qu'il y a une certaine immoralité à

[1] MM. Aubry et Rau IV § 529 not. 16 : Rodière et Pont. II. 302. Marcadé sur l'art. 1518. *Contrà* Duranton, t. XV, 194. Troplong III. 2135.

voir la femme se réserver dans son contrat un moyen
de profiter du malheur de son époux. On remarquera
d'abord que cette considération ne peut s'appliquer
qu'à la cause la moins fréquente de séparation de biens;
le plus souvent, en effet, c'est la mauvaise administration du mari qui la motive, et c'est contre cette gestion
désordonnée qu'est surtout dirigée cette stipulation de
préciput au profit de la femme. Dans ce cas il est certain
qu'elle aura au contraire un but moral, puisqu'elle ten-
dra à retenir le mari en lui faisant entrevoir une nouvelle conséquence possible de ses dissipations et de son
inconduite. Mais il faut même aller plus loin et décider
que, si le préciput avait été stipulé, même spécialement
pour le cas où la séparation de biens serait prononcée
par suite d'accidents purement fortuits, mettant la dot
en péril, la femme serait en droit de le réclamer après
la séparation de bien prononcée, car une clause n'est
pas entachée aux yeux de la loi d'immoralité, par cela
seul qu'elle tend à faire profiter le stipulant du malheur du débiteur ; c'est ainsi que celui qui s'oblige
moyennant un capital qu'il touchera immédiatement, à
payer à un tiers une rente viagère stipule évidemment
un bénéfice pour le cas où le crédi-rentier ne vivra que
peu de temps. Ce contrat tend donc à le faire profiter du malheur d'autrui, et cependant la loi le reconnaît valable.

C'est encore une question controversée, que celle
de savoir si, après la séparation de biens, la femme
peut renoncer soit à titre onéreux, soit à titre gratuit,
au profit de son mari, au gain de survie qui lui est
éventuellement dû.

Cette question doit se résoudre par une distinction admise par plusieurs arrêts. La femme, après la sépation de biens pourra y renoncer valablement à moins que le gain de survie ne soit une véritable institution contractuelle, car alors la convention serait un véritable pacte sur succession future, prohibé par la loi ; (791 C. N.) mais en dehors de cette hypothèse le gain de survie constitue pour la femme une simple créance, sur laquelle elle pourra faire les mêmes traités que sur une créance ordinaire.

CHAPITRE VIII

De la cessation de la séparation de biens.

Il a fallu pour reconnaître à la femme le droit de porter atteinte au pacte matrimonial primitif en faisant prononcer la séparation de biens, une nécessité impérieuse, une preuve certaine du danger que courait sa dot entre les mains du mari. Mais les circonstances qui ont amené ce grave changement dans les rapports pécuniaires des époux ont pu se modifier. D'un autre côté la cessation de cet état de choses, est un retour au droit commun que la loi voit toujours avec faveur. Aussi aujourd'hui comme dans notre ancien droit, les époux sont autorisés à rétablir, d'un commun consentement les clauses de leur contrat primitif. Delà l'art. 1451 : « La communauté dissoute par « la séparation soit de corps et de biens, soit de

¹ Lyon, 16 janvier 1838. Cass., 16 août 1841.

« biens seulement, peut être rétablie du consentement
« des deux parties. Elle ne peut l'être que par un acte
« passé devant notaires, et avec minute dont une expé-
« dition doit être affichée dans la forme de l'art.
« 1445. En ce cas, la communauté rétablie reprend
« son effet du jour du mariage. Les choses sont re-
« mises au même état que s'il n'y avait point eu de
« séparation de biens sans préjudice néanmoins de
« l'exécution des actes qui dans cet intervalle ont pu
« être faits par la femme en conformité de l'art.
« 1449. — Toute convention par laquelle les époux
« rétabliraient leur communauté sous des conventions
« différentes de celles qui la réglaient antérieurement
« est nulle. » Ainsi, sous quelque régime que la séparation de biens ait eu lieu, le contrat primitif pourra être
rétabli sous les conditions de fonds et de forme éta-
blies par la loi.

Ainsi pour être valable le rétablissement de la communauté (et ce que nous disons de ce rétablissement
est aussi vrai que du rétablissement des conventions
primitives du contrat dans tous les autres régimes où
la séparation de biens peut être prononcée) doit être
constaté par un acte passé devant notaires et avec
minute. Mais la présence du second notaire n'est pas
exigée à peine de nullité (loi du 22 juin 1843). — De
plus une expédition de cet acte doit être affichée dans
les formes prescrites par l'art. 1445. Pothier nous
donne les motifs de ces deux formalités, il fallait
« éviter dit-il, les contestations qui pourraient s'élever sur la suffisance ou l'insuffisance des faits qui
seraient allégués pour établir le rétablissement de

la communauté, d'autre part, avertir tous ceux qui peuvent avoir des affaires avec l'un ou l'autre des époux [1] »

L'art. 1451 ne renvoyant qu'à l'art. 1445 au sujet de la publicité de l'acte de rétablissement, il faut décider que les dispositions de l'art. 872 C. Pr. qui ont étendu celles pc l'art. 1445 sont ici inapplicables. On a objecté il est vrai que l'art. 872 étant le complément de l'art. 1445, le code Napoléon en renvoyant à l'art. 1445, renvoie aussi implicitement à l'art. 872. On invoque encore dans cette opinion un passage de *l'exposé des motifs* du titre du contrat de mariage, de l'orateur du gouvernement M. Berlier. Mais la Cour de cassation, dans un arrêt du 17 juin 1839 a justement fait observer [2] dans ses considérants que l'art. 872 en introduisant de nouveles formalités de publicité ne les a prescrites que pour le jugement de séparations de biens et qu'il ne vise pas les actes faisant cesser la séparation; que l'art. 872 se référant uniquement à l'art. 1445 ne mentionne point l'art. 1451 ; or connaissant les dispositions contenues dans l'art. 1451 comment les rédacteurs du code de Procédure, s'ils avaient voulu comprendre dans les nouvelles conditions de publicité qu'ils organisaient dans l'art. 872 le rétablissement de communauté réglementé par l'art. 1451, ne l'auraient-ils pas expressément mentionné dans l'art. 872? Nous ajouterons que les nulli-

[1] Pothier. *Traité de la comm.* n° 524.
[2] Sic MM. Rodière et Pont. II. 914. Marcadé art. 1451. Troplong I. 1467. Aubry et Rau, IV, p. 347, note 89 — *Contrà* Toullier, XIII, n° 118. Duranton, XIV, n° 430. Bellot des M. II. 171.

tés sont de droit étroit et qu'on ne peut les prononcer en l'absence d'un texte formel.

La nullité résultant du défaut d'observation des formes de publicité prescrites par l'article 1451 ne peut être invoquée par les époux l'un contre l'autre, ni par eux contre les tiers.

Ces derniers peuvent seuls s'en prévaloir car elle n'a été exigée que dans leur intérêt, c'est donc une nullité relative.

Bien différente est la nullité résultant du défaut d'authenticité de l'acte de rétablissement. Celle-ci est absolue et pourra être invoquée par toute personne intéressée.

L'authenticité de l'acte de rétablissement est exigée soit que la séparation de biens ait été principalement prononcée soit qu'elle résulte accessoirement d'un jugement de séparation de corps. On ne pourrait donc décider aujourd'hui, comme dans notre ancien droit, que la réunion publique des époux séparés de corps et réconciliés suffirait pour faire cesser en même temps la séparation de biens accessoire. Dans tous les cas un acte authentique dans la forme prescrite par l'article 1451 est nécessaire.

La communauté authentiquement rétablie est réputée avoir toujours duré en ce qui concerne les droits des époux entre eux ; donc les acquisitions d'immeubles à titre onéreux ou les acquisitions de meubles soit à titre onéreux soit à titre gratuit, faites dans l'intervalle, entreront dans la masse commune, comme si les époux n'avaient jamais été séparés, et les reprises exercées lors de la liquidation devront être intégralement

rapportées. De même la femme devra restituer le préciput dont elle aurait obtenu la délivrance d'après une
convention insérée au contrat de mariage lui donnant
le droit de le réclamer après la séparation de biens.
En un mot la loi primitive du mariage réglant les intérêts pécuniaires des époux sera remise en vigueur.

Mais il eut été injuste que les tiers pussent souffrir
du changement de volonté des époux ; aussi l'art.
1451 (3ᵉ alin.) a pourvu à leurs intérêts. « Les choses
sont remises au même état que s'il n'y avait pas eu de
séparation *sans préjudice* néanmoins de l'exécution
des actes qui dans cet intervalle ont pu être faits par
la femme en conformité de l'art. 1449. » L'art. 1451
ne parle que des actes faits par la femme dans l'intervalle, mais il n'est pas limitatif; il faut en dire autant
de tous les droits acquis aux tiers par le seul fait du
changement apporté par la séparation de biens dans
les rapports pécuniaires des époux ; c'est ainsi que, si
dans l'entre-temps de la séparation au rétablissement
du pacte matrimonial, le mari avait aliéné un de ses
immeubles, la cessation de la séparation de bien n'aurait pas pour résultat de faire rétroagir l'hypothèque légale de la femme sur cet immeuble aliéné. De
même, la caution que le mari aurait donnée en recevant
la dot et déchargée par suite de sa restitution après la
séparation de biens, le serait définitivement nonobstant
le rétablissement de la communauté. Par application
des mêmes principes, le tiers qui aurait stipulé le droit
de retour de la somme par lui constituée en dot à la
femme, pour le cas où la séparation de biens viendrait
à être prononcée, conservera ses droits sur cette som-

mo que la séparation de biens lui a rendue, nonobstant tout rétablissement du contrat originel. C'est ainsi
que le décidaient nos anciens auteurs.

Si les conventions matrimoniales primitives peuvent
être authentiquement rétablies d'un commun accord,
ce n'est qu'à condition qu'elles le soient sur le même
pied qu'avant la séparation de biens. Aussi l'art. 1452
in fine déclare que « *toute convention* par laquelle les
époux rétabliraient leur communauté (lisez plus généra-
ralement : le statut matrimonial primordial) sous des
conditions différentes de celles qui la réglaient antérieurement, est nulle. Cette nullité s'applique-t-elle, non-
seulement à la clause dérogatoire, mais aussi à l'acte
lui-même qui met fin à la séparation de biens? c'est là
une question très-débattue.

Des auteurs enseignent que. nonobstant toute clause
dérogatoire, si l'acte de rétablissement réunit toutes autres conditions voulues par la loi, le statut matrimonial
primitif sera légalement remis en vigueur, sauf le
cas cependant où les époux auraient expressément
subordonné son rétablissement à l'exécution de ces
clauses modificatives, car l'art. 1172 commande cette
restriction à ce système en déclarant que toute condition prohibée par la loi rend nulle la convention qui
en dépend. Ainsi, selon ces jurisconsultes, les rédacteurs du Code Napoléon auraient reproduit dans
l'article 1451 l'idée émise par Pothier dans le n°
529 de son Traité de la Communauté. Ce jurisconsulte,
en effet, ne déclare frappée de nullité que la clause
dérogatoire. On ajoute que le texte même de l'art. 1451

---

[1] En ce sens MM. Duranton. XIV p. 131. Rodière et Pont II. 920.
Aubry et Rau IV. § 516 *in fine*, notes 82 et 83.

fortifie cette interprétation, car si le législateur avait voulu annuler le rétablissement de la communauté lui-même, il aurait dit *la convention* par laquelle etc., et non pas *toute convention* etc. Il faut donc traduire le mot convention dont se sert l'art. 1451 par celui de *clause* et l'on se conformera à l'esprit du législateur.

Ce système est en opposition trop manifeste avec le texte de l'art. 1451 pour n'être point écarté. Ce que la loi frappe de nullité ne n'est pas seulement « *ces conventions* (clauses dérogatoires) *portées par l'acte de rétablissement de communauté* » comme le décidait Pothier dont nous reproduisons les propres expressions, mais comme le remarque M. Bugnet [1] la convention elle-même de rétablissement Qu'importe que le législateur ait dit « *toute* convention etc. » au lieu de « *la* convention etc. » L'argument que M. Aubry et Rau prétendent tirer de cette différence de rédaction repose sur une base bien fragile, car il n'en est pas moins vrai que ce que l'art. 1451 déclare nul, c'est « toute convention *par laquelle* les époux *rétabliraient* etc., ce qui, grammaticalement parlant, ne peut s'appliquer qu'à l'acte lui-même ayant pour but de rétablir, de remettre en vigueur le contrat primitif.

Ce système a sur le précédent non-seulement l'avantage de donner aux expressions dont se sont servis les rédacteurs de l'art. 1451 *in fine* leur sens le plus naturel; mais aussi de respecter bien plus scrupuleusement que le premier la liberté des contractants. En effet,

---

[1] *Note sur le § 529 du Traité de la Comm.* de Pothier, t. VII.

tout en favorisant le retour aux premières conventions matrimoniales, le législateur a du vouloir que ce retour fut libre et dégagé de toute suprise ; or, en déclarant les clauses dérogatoires seules frappées de nullité, tout en maintenant la validité de l'acte lui-même de rétablissement du contrat primitif, il eut couru le grave danger de tendre le plus souvent un piége aux époux, de leur imposer la cessation de la séparation de biens et le retour à la loi primitive du mariage sans tenir aucun compte des clauses modificatives qui avaient pu être la seule cause déterminante de leur volonté de faire cesser cette séparation. D'un autre côté si le législateur eut voulu, comme l'enseignent quelques auteurs que les juges eussent, selon les cas, à examiner en faitsi les clauses dérogatoires avaient été la cause déterminante du consentement des époux, quelle voie n'eut-il pas ouvert à l'arbitraire! et quelle source de procès n'eut-il pas engendré! Dans le système, au contraire, que nous croyons être celui de la loi, les magistrats n'auront plus à scruter arbitrairement l'intention des époux, au sujet de chaque clause dérogatoire jointe à l'acte de rétablissement, mais à examiner seulement si cette clause dérogatoire existe pour déclarer nuls et la clause et l'acte de rétablissement lui-même ; les époux ne seront pas exposés au même danger de subir une nouvelle situation qu'ils n'avaient point prévue [1].

Les conventions matrimoniales primitives remises

[1] MM. Troplong II. 1470 Delvincourt 3p.46 Bugnet. loc. cit. Glandar *encyclop. du droit v° Comm. conj.* n° 299.

en vigueur, la séparation de biens pourra être de nouveau prononcée, si le mauvais état des affaires du mari la rend encore une fois nécessaire. De même, elle pourra se renouveler par suite d'un jugement de séparation de corps qui l'entraînera accessoirement (art. 311 C. N.).

PROPOSITIONS

I. DROIT ROMAIN

I. La dot profectice fait retour à l'ascendant qui l'a constituée, dans le cas même où la fille est sortie de sa puissance avant la dissolution du mariage par son décès.

II. Dans la loi 7, § 13, Dig. *soluto matr.* Ulpien donne deux décisions conformes à celles données par Javolenus dans la loi 18, Dig. *de fundo dotali*, et il n'y a point de contradiction entre ces deux lois et la loi 32, Dig. *de jure dotium*.

III. L'action *rei uxoriæ* n'est pas seulement une action *de bonne foi*; elle appartient aussi à la classe des actions *arbitraires*.

IV. Dans l'espèce prévue par la loi 7, § 1, Dig. *soluto matr.* la valeur de la vendange étant représentée par 24, le prix du bail par 12, on doit admettre qu'il est dû au mari 5, c'est à dire 1/12 de la vendange, Plus 1/4 du fermage de 12 mois.

V. Le mari qui, sur la délégation que sa femme lui a faite d'un de ses débiteurs pour se constituer une dot, stipule de ce dernier qu'il lui paiera ce qu'il devait à celle-ci, ne court les risques de l'insolvabilité du délégué, que si on peut lui reprocher de la négligence dans le recouvrement, ou s'il a, par sa volonté, assumé cette responsabilité.

VI. La restitution anticipée de la dot peut être valablement opérée par le mari à l'effet de payer des dettes de sa femme, quoique celle-ci ait d'autres biens, au moyen desquels elle pourrait satisfaire ses créanciers.

VII. Ce n'est point par la loi Julia qu'il a été défendu au mari d'engager ou d'hypothéquer le fonds dotal même avec le consentement de sa femme; cette prohibition a été établie postérieurement, et sous l'influence du sénatus-consulte Velléien.

II. DROIT FRANÇAIS

1° DROIT CIVIL

I. La femme ne peut pas demander la séparation de biens pour cause d'interdiction judiciaire de son mari.

II. Elle peut la demander par cela seul que le désordre des affaires de son mari met en péril sa part éventuelle dans la communauté.

III. La séparation de biens résultant accessoirement d'un jugement qui prononce la séparation de corps, n'a point d'effet rétroactif, soit à l'égard des époux, soit à l'égard des tiers.

IV. L'exécution de l'obligation contractée par la

femme séparée dans les limites de son droit d'administration peut être poursuivie (excepté sous le régime
dotal) tant sur ses immeubles que sur ses meubles.

V. Sous le régime dotal, les tiers avec lesquels elle
a contracté avec l'autorisation de son mari et avant la
séparation de biens, peuvent, après la séparation,
poursuivre l'exécution de ses engagements sur la part
des revenus des biens dotaux non nécessaire pour soutenir les charges du mariage.

VI Lorsque, par une convention régulière en la
forme, les époux séparés de biens rétablissent la communauté sous d'autres conditions que celles primitivement adoptées, la loi frappe de nullité non seulement les clauses dérogatoires, mais la convention de
rétablissement elle-même. (art. 1451; C. N.)

VII. Le jugement de séparation de biens qui liquide
par un de ses chefs les reprises de la femme et a été
soumis à la publicité voulue par la loi, peut-être attaqué
par la voie de la tierce opposition par les créanciers
du mari, pendant un an, relativement au chef qui
prononce la séparation, et pendant trente ans à l'égard
de la liquidation des reprises.

2° DROIT COMMERCIAL

I. Pour qu'un individu puisse être légalement poursuivi ou condamné comme banqueroutier, il est indispensable que sa faillite ait déjà été déclarée par le
tribunal de commerce.

II. La demande en séparation de biens de la femme dont le mari a été déclaré en faillite, doit être intentée contre les syndics, sauf au failli à demander à intervenir, s'il croit y avoir intérêt.

3° DROIT PÉNAL

I. La tentative d'avortement même provenant de tout autre que la femme enceinte ne tombe pas sous le coup des art. 2 et 317 du Code Pénal.

II. Le mari qui a dénoncé l'adultère de sa femme peut toujours, par son désistement arrêter l'exercice de l'action publique. Mais il ne peut renoncer au droit de poursuivre sa femme et porter plainte contre le complice.

4° DROIT INTERNATIONAL

I. Un français peut former en France une saisie arrêt sur les sommes dues à un gouvernement étranger son débiteur, et nos tribunaux sont compétents pour statuer sur la validité de cette saisie arrêt.

II. La femme française qui épouse un étranger ne peut pas se réserver sa nationalité :

Mais la femme, dont le mari français se fait naturaliser en pays étranger, ne suit point nécessairement la nouvelle nationalité de ce dernier.

HISTOIRE DU DROIT

I. D'après la jurisprudence de la plupart des Parlements des pays de *droit écrit*, la dot mobilière était, en principe, frappée d'une certaine inaliénabilité.

II. Ce n'est point principalement à la royauté qu'il faut attribuer la formation des communes françaises, et le développement de leurs franchises. Elle y a seulement, pendant un certain temps, contribué, quand elle y voyait un avantage politique.

Vu par le Président de la thèse,

J.-E. LABBÉ.

Vu par le Doyen de la Faculté,

C. A. PELLAT.

Vu et permis d'imprimer,

LE VICE RECTEUR

A. MOURIER.

Abbeville. — Imp. P. Briez

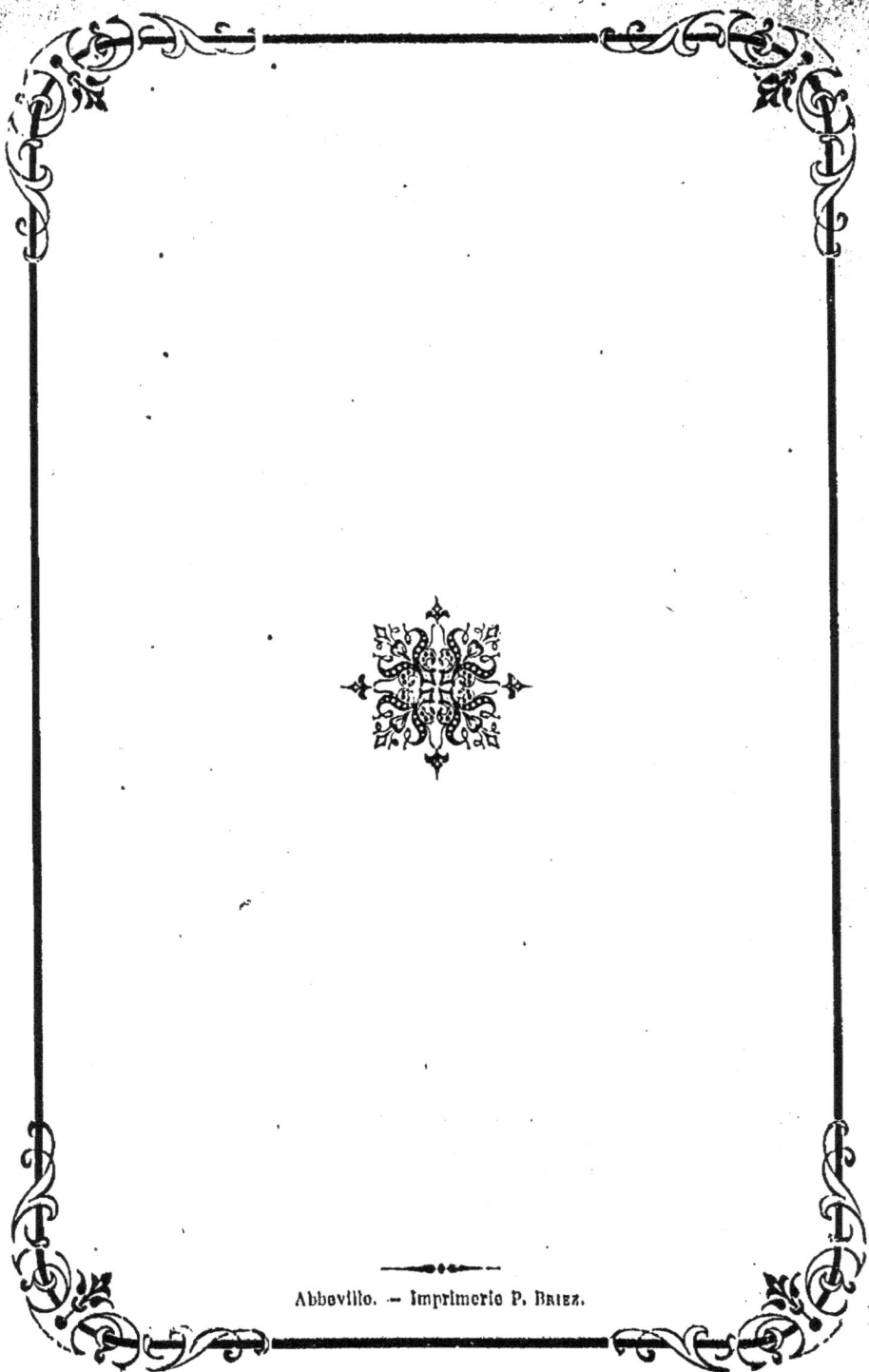

Abbeville. — Imprimerie P. Briez.